JN216658

0-5歳児

生活習慣の スムーズ身につけ ガイド

監修　塩谷 香（國學院大學 特任教授）

Gakken

生活習慣の自立ポイント

保育の目的は「**子どもの最善の利益を守る**」ことです。そのためには、**保育者による家庭の支援が必要不可欠**です。保育者は、家庭とよく話し合いながら、環境や保育内容を工夫し、**保育と家庭に連続性をもたせる**ことが重要です。

子どもの基本的な**生活習慣の自立は家庭ではぐくむもの**です。が、家庭だけでははぐくむ力が足りないのが現実。保育者は、家庭がこの力を取り戻せるよう、**保護者の選択を尊重**しつつ、子どもの生活習慣の自立援助に、工夫して取り組む必要があるのです。

家庭（保護者の選択）を尊重して進める

保護者をやる気にさせるには？

保護者の考えを把握

家庭によって生活のあり方や、子育てに対する考え方はさまざまです。保育者は、子どもが生活している家庭環境がどのような状況なのか、保護者ひとりひとりがどのような考えを持っているのかを把握する必要があります。

保護者が素直に話せるように

自分の常識や思い込みはいったん置いておきましょう。保護者の言うことを頭から否定したり、問い詰めたりするなどの態度もよくありません。スムーズにコミュニケーションをとるためには、保護者が素直に話せるような雰囲気づくりが大切です。

園での子どもの変化を報告

子どもの変化に気づいたら、忘れずに保護者に報告します。よい変化は常に伝え、保護者とともに喜び合いましょう。そうしていると、気になる変化が見られたときも、家庭での様子を聞きながら、スムーズに原因や対応策を探っていくことができます。

子どもが生活習慣自立に向けて見通しをもつためには？

1 「自分で」の気持ちを大切に

自分でやりたい気持ちを尊重し、もしできなかったとしてもがんばって取り組んだことをほめましょう。

2 環境を整える

ズボンやパンツをはきやすいようにトイレの前に台を用意するなど、成功しやすい環境を整えましょう。

3 見通しがきちんともてるように

子どもが見通しをもって次の行動までやりとげられるように、子どもの動線上にはおもちゃなどが目に入らないよう片づけたり、布で覆ったりと工夫が必要です。

できた！

4 子どもの動線がバッティングしないように

仕切りを利用するなど、子どもがそれぞれやっていることに集中できるように、動線をきちんと分けましょう。

5 子どもが判断して動けるように

ある程度流れができてきたら、保育者はなるべく声をかけずに、子どもが自分で判断できるようにします。

6 子どもの行動パターンを変えないように

よほど改善が必要でない限り、子どもが混乱しないように習慣となった行動パターンはなるべく変更しないようにします。

子どもの生活習慣の自立を促すための前提となるのは、保育者と子どもの信頼関係がしっかりとできており、子どもが安定した園生活を送れていることです。そしてもうひとつは、保護者との連携ができていることです。保護者との関係を密にして、家庭と園で同じように生活ができるよう、話し合っていきます。

食事 に関する発達の目安

0歳　　　　1歳

3～5か月頃には、飲み方も上手になってきます。一度に必要量が十分に飲めるようになり、授乳回数が1日5～6回とリズムが整ってきます。

食欲にむらが出てきたり、好みがはっきりしていて好き嫌いが出てきます。

ひとくち食べてみよう

キラ～イ

5～6か月頃になると、離乳食を始められるようになります。1日1回、ペースト状のものを1さじから始め、母乳やミルク以外のものを飲み込む練習をします。

1歳～1歳6か月頃には、スプーンを持つときは指全体を使って上からつかみます（上握り）。

離乳食を卒業する**1歳6か月～2歳頃**には、下からスプーンを握れるようになります（下握り）が、まだ指全体を使います。

7～8か月頃には1日2回食にします。口の前のほうで取り込んだ食べ物を、上あごに押し当ててつぶします。唇は閉じ、口を左右にモグモグと動かして食べます。

9～11か月頃から、1日3回食になります。舌を左右に動かして奥の歯ぐきで食べ物をつぶして食べます。手づかみ食べをしたり、遊び食べも見られます。

1歳～1歳6か月頃からは自分のひと口量を覚えます。また手づかみ食べが上手になったり、スプーンやフォークを使いたがる子も出てきて、自分で食べる楽しさを味わいます。

2歳 〉〉 3歳 〉〉 4歳 〉〉 5歳

器に手を添えてスプーンで食べる、両手や片手で持って汁物を飲むなど、手指を器用に使いながら、食事をスムーズに進めるようになります。

2歳頃からは、大人と同様に鉛筆を持つようにでスプーンを持てるようになります（鉛筆持ち）。

好き嫌いがよりはっきりしてきて、嫌いなものは大人が促しても食べないことが増えてきます。

はしに興味を持つようになり、にぎりばしなど自分なりの持ち方で食べようとしますが、正しい持ち方はまだむずかしいです。

大人の食べ方をお手本にしたり、大人が教えた正しいはしの持ち方を意識して、自分から正しい持ち方ができるよう、努力するようになります。

家族や友だちなどと一緒に、会話をしながら食べることを楽しみます。

「いただきます」「ごちそうさま」のあいさつができ、自分で使った器やはしを片づけます。

0歳 ≫ **1歳** ≫ **2歳**

おしっこの回数がひんぱんです。おむつがぬれると冷たい、気持ち悪いと感じ、泣いて知らせることがあります。

膀胱（ぼうこう）が発達してきて、おしっこをある程度ためられるようになります。おしっこの回数が減り、おむつをあけてもぬれていないことがあります。

膀胱におしっこがたまった感覚がわかるようになり、自分からトイレに行くことを意識します。

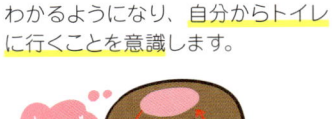

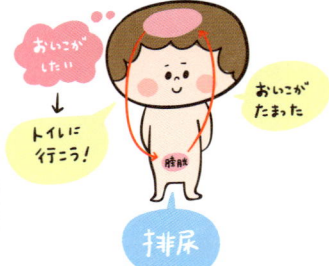

おいしがしたい

トイレに行こう！

おいしがたまった

膀胱

排尿

トイレに行こうか？

食後、午睡後、遊んだあとなど生活の節目にトイレに誘うと、タイミングよく出ることもあります。

おしっこが出る感覚がわかり、おしっこが出たあとに「チー」などと言って知らせることも。年長児を見てトイレでしたいという気持ちがめばえてきます。

トイレでうんちができるようになることが増えてきますが、自分ではふけないので、大人の確認が必要です。

昼間はパンツで過ごせるようになってきますが、遊びに夢中になっているときなどトイレに行くタイミングを失うことが多く、もらしてしまうことも。

3歳　　≫　　4歳　　≫　　5歳

生活の節目など一定の間隔でトイレに行くようになり、1回のおしっこの量も増えてきます。

ペーパーホルダーの紙を使って、自分でおしりをふけるように。きれいにうんちがふき取れているかを保育者に見てもらうことから始め、自分で見るようにしていきます。

排せつの自立がほぼ完成し、起きている時間はもらさなくなりますが、午睡中や夜の睡眠中におねしょをすることもあります。

トイレのスリッパをそろえることや、手洗いなどのマナーがわかってきます。

保育者に促されなくても、自分からトイレに行って用が足せるようになります。

保育者に促されてトイレに行き、用を足したあとに自分でふこうとします。

睡眠 に関する発達の目安

3～4か月頃からは日中2～3回眠りますが、眠りが浅かったり深かったりします。寝返りができるようになるまではあおむけに寝かせ、5～10分に1回は呼吸の様子を見ます。

8か月頃からは日中起きている時間が長くなり、午前と午後1回ずつ眠る子が多くなります。起きている時間は遊びを楽しみます。

1歳半～2歳頃からは、午後1回の午睡だけになる子が多くなりますが、眠る時間は年齢差や個人差があります。

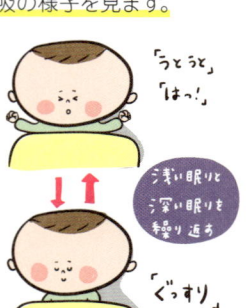

「うとうと」「はっ!」

浅い眠りと深い眠りを繰り返す

「ぐっすり」

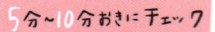

5分～10分おきにチェック

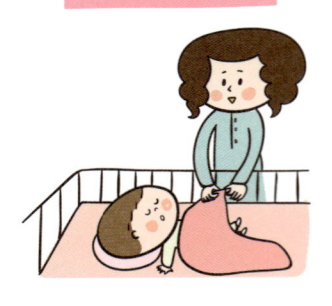

3歳　　4歳　　5歳

保育園では、昼食後が午睡の時間に当てられます。午睡によって午前中遊んで疲れた体をしっかりと休めます。

短時間の睡眠で体力が回復する子、長時間必要な子、また寝つきがいい子、悪い子、すぐに目が覚めてしまう子など、睡眠に個人差が出てきます。

午前の活動量が少ない子は、なかなか寝つけなくなることも。休息の意義を理解するようになってくると、午睡の時間に眠くなくても静かにして落ち着いていられるようになります。

園によって対応は異なりますが、午睡の時間を短くしたり、夏の間だけにするなど、じょじょに午睡をなくしていく方向に向かっていきます。

入学に向けて午睡をなくしていけるよう、生活リズムを整えていきましょう。午睡をしている子には、その子に合わせた方法で無理なく減らしていきます。保護者と連携して早寝早起きのリズムをつくることが大切です。

着脱 に関する発達の目安

0歳児は、まだ言葉は理解できなくても、「気持ちいい」「気持ち悪い」などの快・不快はわかります。「お着替えしてさっぱりしようね」など言葉がけをして、清潔の気持ちよさを伝えていきましょう。

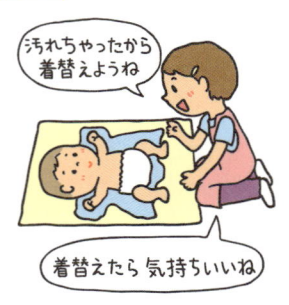

「汚れちゃったから着替えようね」

「着替えたら気持ちいいね」

立っちがしっかりしてきたら、立ったまま着替えさせることができるようになります。トレーナーを脱がせるときに「ハイ、バンザーイ」など声をかけるとその通りにできるなど、着替えの協力動作ができるようになります。

「頭を下げてくれたからすぐ脱げるね!」

保育者に手伝ってもらいながらズボンをはくことができるようになります。またスナップや大きめのボタンをはずすこともできます。

「できなーい」

「一緒にやろうね」

自分でやりたい気持ちが育ってきます。大人や年長児が着替える様子を見て、自分も同じようにやりたいという意欲を示しますが、まだひとりでできないので保育者の援助が必要です。

4歳　　　5歳

自分でできることも、甘えでやってもらいたがることがあります。また遊びに夢中になっていて着替えを面倒がったり、午睡したがらずにパジャマを着ないなど、そのときの気分で着替えを嫌がることが出てきます。

服をたたもうとしたり、保育者が伝えれば、一緒に服をたたみます。

ズボンは座ってはけるようになりますが、最後の仕上げは保育者の手伝いが必要です。靴下や靴を自分ではこうとしますが、まだ左右を間違えることもあります。

上着はほぼ自分で着替えられるようになり、ズボンも立ったまま最後まではけるようになります。

ひもを結んだり、ファスナーを開け閉めできるように。暑いから脱ぐ、寒いから着るなど、自分で考えて服の調節をします。手先がより器用になり、端と端を合わせてきちんと服をたたむこともできます。

清潔 に関する発達の目安

0歳 >> 1歳 >> 2歳 >> 3歳

手洗い

保育者に言葉をかけてもらいながら、手、顔、体をふいてもらうと、きれいになったことがわかり、喜びます。立っちが安定したら、保育者と一緒に片手ずつ洗います。

保育者がそばで見守ったり、手を洗うよう促すと、手を洗うことを意識するように。保育者が伝えれば、手の洗い方を少しずつ覚えていきます。

うがい

離乳食が進むと唇をしっかり閉じることができるようになります。それと同時に口の中に水をためられるようになりますが、まだうがいはできません。

口の中に水を含んだまま、ブクブクうがいができます。

下を向いてペッしてね

鼻かみ

鼻水が出たら、ふき取ってもらいます。

鼻水が出たら自分でふこうとします。鏡などで自分で確認できるようにします。

歯みがき

歯が生え始めの頃は、ガーゼでふいてもらいます。歯が生えてきたら、歯ブラシで仕上げみがきをしてもらいます。

顔・体をふく

汚れるたびにガーゼやタオルなどでこまめにふき取ってもらい、きれいになる気持ちよさを感じます。

自分でふこうとしますが、きれいにふくことができないため、保育者に見てもらうことが必要です。

片づけ

細かい分類がなく簡単な動作なら、片づけやすい環境があれば、所定の場所に片づけることができます。

4歳 ＞＞ 5歳

4歳
自分で手を洗えるようになりますが、面倒がって腕まくりをしなかったり、指先だけ洗っておしまいにしようとする子も。

5歳
"手洗いでバイキンを洗い流して、病気にならないようにする"など、手洗いの必要性を伝えると理解でき、自分から積極的に手洗いをするようになります。

ガラガラうがいができるようになり、そのときによってブクブクうがいと使い分けます。

自分で鼻をかめるようになります。

4歳
歯ブラシを自分で口の中に入れ、口を横に広げて表面をみがきます。奥歯や歯の裏側などは自分でみがけないため、夕食後など1日1回は家庭での仕上げみがきが必要です。

5歳
ほとんど自分でみがくことができます。みがき終わったら、うがいをしてタオルで口をふきます。

背中の汗や、汚れた足の裏など、タオルを器用に使いながら、体じゅうを自分でふくことができるようになります。

4歳
保育者の声かけで、友だちと協力しながら、片づけようとします。

5歳
物を重ねる、並べる、分類するなど、自分から整理整とんしながら片づけます。

子どもは夢中になって楽しく遊びながらたくさんのことを学んでいきます。遊んでいるうちに、生活習慣が身につき、発達につながる遊びやおもちゃのアイデアを紹介します。

葉っぱをポイッ！

葉の手ざわりを感じながら、ペットボトルに入れたり、つまんで投げたり。遊びながら手指が発達します。（0歳児）

スナップやボタンの遊び

フェルトの魚にはボタンとボタン穴、四角のフェルトには四隅にスナップがついています。手指の発達に合わせて、着脱につながる遊びが広がります。（1歳児）

れんげでこはん!?

ボウルの中のチェーンリングを、れんげで混ぜてすくって遊びます。おおぶりなれんげを使った遊びが、のちのスプーン使いにつながります。（1歳児）

スプーンで移動

製氷皿に入れたカラフルなコットンボールをすくって遊びます。1歳児で使っていたれんげは、細めのスプーンに。（2歳児）

鉛筆持ちできるよ

ペン先をくっつけると、銀の玉が浮き出るおもちゃ。遊んでいるうちに鉛筆持ちに親しむことができます。（2歳児）

S字フックお絵描き

カラフルなS字フックを並べ、写真を見本にして、同じ模様を作ります。身近な生活用品もおもちゃになります。（2歳児）

電車が通りまーす

両端にスナップを縫いつけた、たわら形の布おもちゃを、いくつもつなげて電車遊び。（2〜3歳頃）

おいしそうなお弁当

おもちゃのチェーンリングと布のお手玉を、お弁当箱にきれいに詰めました。この遊びも片づけにつながりそうです。（2〜3歳頃）

ごはんできました

カラフルなたわら形の布おもちゃをスナップでつなぎ、お皿に並べて、ままごとのお料理に。見立て遊びが広がります。（3歳〜）

おやすみなさーい

お人形に「お昼寝だよ、おやすみなさい」。片づけるときは暗い場所に寝かせます。自然と生活習慣も身につきます。（3歳〜）

お店屋さんごっこ

「フライドポテトください」。想像力を働かせるお店屋さんごっこ。楽しく遊びながら、社会のルールやコミュニケーション能力などを育てます。（4〜5歳頃）

はじめに

　研究所の調査※により「3歳児期の生活習慣の定着によって、4歳児期の学びに向かう力が伸びる」ということが明らかになりました。

　3歳児期の生活習慣の定着は、そのずっと以前からの家庭と園での取り組みがあってこそ実現するものです。「健康で安全な生活をすること」「自分も人も気持ちよく生活すること」「先の見通しをつけて行動すること」は学びに向かう力につながり、生活習慣の獲得の最終目標です。それは教え込んでできるものでは決してありません。人との関わりの中で子ども自らが学び取っていく「生きる力」そのものなのです。

　乳幼児期の発達の特性を踏まえ、子どもが意欲的に生活に向かえるようにすることが、私たち育てる者の役割です。子どもたちの未来の幸せのために私たちに何ができるのか、一緒に考えていきましょう。

※ベネッセ教育総合研究所次世代育成研究室
「第1回幼児期の家庭教育調査・縦断調査」による

國學院大學 特任教授
NPO法人「ピアわらべ」理事
塩谷 香

この本の使い方

本書では、6か月未満から6歳までの園児が、「食事」「排せつ」「睡眠」「着脱」「清潔」の生活習慣を楽しく身につけられ、自立できるようなアイデアをたくさん紹介しています。発達の目安や、家庭との連携も解説していますので、保育に活用してください。

この時期の〜

月齢・年齢ごとに分け、生活習慣に関するその時期の発達の目安と、発達に合った援助の流れが書いてあります。

お役立ちアドバイス

現場の保育者や園からの、役立つアドバイス。ぜひ取り入れてみてください。

食事
6か月〜 1歳3か月未満頃の食事

この時期の食事

なめらかなものを飲み込むことから始め、舌中歯ぐきでつぶすようになり、歯の数も増えて、自分で「咀嚼」に、飲み込み、手づかみ食べなど、「自分で食べること」が始まる期間です。食べ方は言葉の発音にも関係します。ていねいな援助を。

基本
母乳・ミルクから離乳食へ さまざまな味や食感に気づく

本格的に離乳食が始まります。最初は1日1回から始め、スムーズに進めば10か月前後に1日3回食になります。離乳食を通して味や食感の違いに気づき、「かむ（咀嚼）」「飲み込む（嚥下）」を学んでいきます。食物アレルギーにも注意は忘れないようにを。受け身の「食べさせてもらう」姿勢ではなく、「自分で食べる」という意欲を育てていきましょう。

6〜8か月頃
食べる楽しさを伝えながら離乳食を進めていく

離乳食開始から1か月ほどでモグモグ期になります。豆腐のようにやわらかい食べ物を舌と上あごでつぶして飲み込む練習です。口に運ぶときは、何を食べるのかわかるようにスプーンを見せて言葉に出します。食べ物を飲み込んだのを見てから、次を運びます。

口に入れる→モグモグ→ゴックンと一定のテンポができるようにします。食べる量が減ることもありますが、量よりも「楽しく食べること」を大切にしましょう。

スプーンで食べ物を見せて対話を (お役立ちアドバイス)

「さあ、ごはんにしましょう」と声をかけ、スプーンを見せて「今日はお豆腐よ」と話しましょう。「おいしいね」「もうひと口食べる？」と目を見て対話をしていきましょう。

Point
手づかみ食べをしているときは

援助するときはスプーンを首の横に持っていき、自分から取り込むのを待つ。

子どもが手づかみ食べをしているさは、そちらを先に食べさせ、食べやすいスティック状や小さなおにぎりにするとよい。

口にある食べ物の大きさわけからら、かまず、食べさせない。ちゃんと飲み込んでから、次のスプーンを差し出す。無理に食べさせず、子どもが自分から食べるのを待つ。

34　35

基本

生活習慣に関する子どもの姿と、それに伴う援助の基本です。発達には個人差があるので、目安にしてください。

Point

この時期に大切な、ぜひ知っておきたいポイントです。具体的な援助のしかたやチェックリストなどがわかります。

園の実践アイデア

園で実践している、援助のアイデアや遊び、環境づくりの例などを、写真やイラスト入りで紹介。ヒントにしてください。

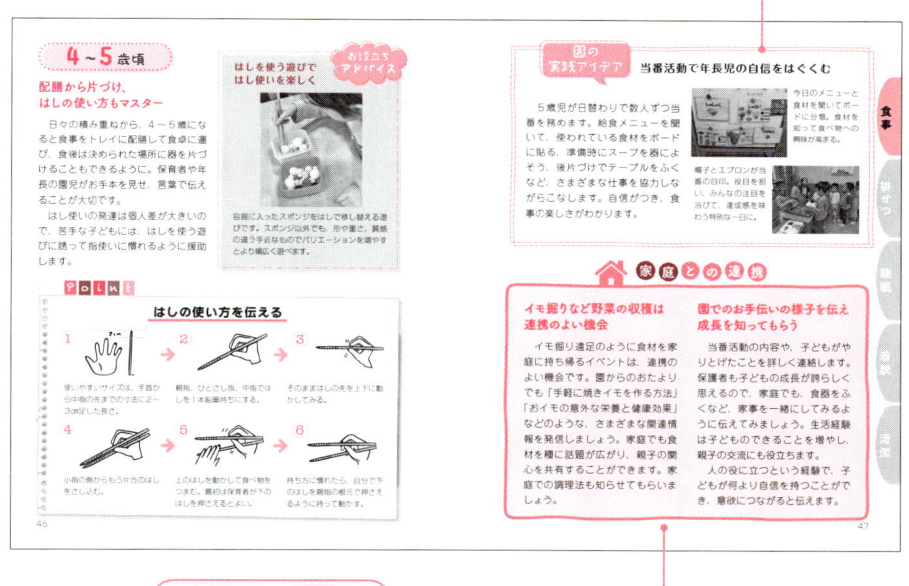

家庭との連携

生活習慣の自立を家庭ではぐくむため、保育者と保護者が連携できる工夫を紹介しています。

そのほかにも

各項目の最初には、年齢別の子どもの姿をまとめています。0歳児から5歳児までの発達の目安にもなります。

コラム1～3は生活習慣に関するおたより文例、コラム4はあいさつに関しての援助例を紹介しています。

Contents

PART 1

食事 の生活習慣 ⋯⋯⋯ 23

Contents

PART 1

食事の生活習慣

０歳児から５歳児は、授乳だけから離乳食を経て
幼児食へと大きく移行するだけでなく、
しだいにスプーンやはし使いを覚え、マナーなども
身に着けていく大切な時期です。個人の発達差に
気を配りながら援助していきましょう。

年齢別
知っておきたい

授乳から離乳食、幼児食へという大きな変化がある乳
も学んでいきます。ひとりひとりの発達段階を見きわ

0 歳児

ミルクから食事へ大変化

　ミルクを飲む食事から、固形物をかんで食べるようになるという、大きく変化する1年です。食べ物の取り込み方、飲み込み方も一から覚え、さまざまな味や匂い、食感を毎日の経験から知っていきます。

離乳食スタート

　生後5〜6か月頃、子どもの様子を見ながら離乳食を開始。アレルギーには十分注意し、初めての食べ物は家庭で食べさせます。園でもていねいに様子を観察しましょう。

1 歳児

自分の手で食べようとする

　自分で食べようとする意欲が強く出てくる時期。手づかみ食べは、食べ物の感触や大きさ、温度、口への運び方や適量を知る大切な経験です。スプーンやコップも使おうとし、だんだん上手になっていきます。

食べ方をよく見守る

　自分で食べたい気持ちが出てくる一方、集中力が続かない時期です。途中で遊び食べを始めそうになったら、時間を区切って終わらせるなど、けじめをつける援助を。よくかんでいるか、かみ方も観察します。

食事 の 生活習慣

幼児期。食卓ではスプーンやはしの使い方、マナーなどの社会性
めながら、楽しく豊かな食事時間になるよう援助しましょう。

食事
排せつ
睡眠
着脱
清潔

2 歳児

あまりこぼさずに食べられる

　スプーンの扱いが上達して、鉛筆持ちで使える子どもが多くなります。コップやお椀の持ち方も上手になり、こぼしたり、まわりを汚したりすることも減り、最後までひとりで食べられる子どもが増えてきます。

スプーンの持ち方に気を配る

　スプーンの鉛筆持ちは、はしやクレヨンの正しい持ち方にも通じる重要なステップ。おもちゃを工夫するなど、楽しく遊びながら正しい持ち方を経験できるようにしましょう。

3〜5 歳児

お手伝いもできるようになる

　右手にはし、左手にお椀を持ち、ほぼ大人のようなスタイルの食べ方になります。5歳児が準備や片づけのお手伝いをしている姿を見ていると、3、4歳児もその姿にあこがれて見習おうとします。

すご〜い！

食事の意味がわかってくる

　食事と体の関係が理解できるようになるので、興味が広がるように食育を工夫しましょう。野菜の栽培、収穫、下ごしらえの手伝いなどの楽しい経験から、苦手な食材に挑戦するようになることもあります。

離乳食の進め方

ゴックン期やモグモグ期などのステップは、あごや舌、胃腸機能などの発達に合わせて設定されていますが、月齢はあくまでも目安です。子どもに合わせて進めましょう。

	5・6か月頃（ゴックン期）	**7・8か月頃**（モグモグ期）
食べ方の目安	・1日1回1さじずつから始め、子どもの様子を見ながら進める。 ・飲み込むことや舌触りに慣れる段階。 ・母乳やミルクは様子を見ながら与える。	・1日2回食で、食事のリズムをつけていく。 ・いろいろな風味や舌触りを楽しめるように、食品の種類を増やしていく。 ・母乳やミルクは離乳食のあとに与える。ミルクは1日3回程度、母乳は様子を見ながら与える。飲ませすぎないよう注意。
調理の形態	**なめらかにすりつぶした状態** まだ舌を上手に動かせないので、なめらかに口の奥に送れるトロトロのポタージュ状。	**舌でつぶせる固さ** 舌と上あごでつぶして食べられる豆腐状の固さが目安。慣れてきたら、食べ物の形状を残した状態のものを少しずつ加えていく。
咀嚼の目安	口に入った食べ物を、口を閉じて嚥下（飲み込む）反射が出る位置まで送ることを覚える。	口の前のほうを使って食べ物を取り込む。食べ物を舌と上あごでつぶすことや、口の中でひとまとめにして飲み込むことを覚える。
支援のポイント	**食べ物を自分で取り込むのを待つ** 唇で食べ物をこすり取って食べられるように、小さく、浅いスプーンを使う。ひと口量をのせたスプーンの先を下唇に当てて、自分で取り込むのを待つ。舌で食べ物を押し出すことも多いが、飲み込むときに下唇が内側に入るようになると口を閉じて飲み込めるようになる。	**食べ方をよく見てスプーンを運ぶ** 唇で取り込み、舌でつぶす動きを十分経験できるようにする。スプーンの先を下唇に当てて、上唇で食べ物を取り込むのを待つ。上唇を「ムー」の形にすると取り込みやすいことを教えていく。急がないで、口の中に食べ物がなくなってから、スプーンを運ぶようにする。

9～11か月頃
（カミカミ期）

・1日3回食。1日の生活の中で食事のリズムをつけていく。
・食欲に応じて離乳食の量を増やす。
・母乳やミルクは離乳食のあとに与える。ミルクは1日2回程度、母乳は様子を見ながら与える。

歯ぐきでつぶせる固さ

上下の歯ぐきでつぶすことができる、バナナくらいの固さ。じょじょに、少し大きめに切ったものも加えていく。

舌が前後だけではなく左右にも動くようになり、上あごでつぶせないものは歯ぐきの上でつぶすことを覚える。

口角を見てかみ方を確かめる

前歯が上下4本そろう頃、やわらかめのものを前歯でかじり取り、前歯を使うこととひと口分を覚えるように援助する。咀嚼するとき口角が左右に動いていることを確かめる。手づかみ食べは、遊び食べにならないようスティック状のパンや野菜、果物など手に持って食べられるものに。

1歳～1歳6か月頃
（パクパク期）

・1日3回の食事のリズムを整える。そのほか1日1～2回の間食で、必要な栄養をほとんどとるようになる。母乳やミルクは個別の離乳状況に応じて与える。
・手づかみやスプーンを使って、自分で食べる楽しさを味わう。

歯ぐきでかめる固さ

上下の歯ぐきでかみつぶせる、肉団子くらいの固さが目安。

舌とあごが自由に動かせるようになる。かむ力はまだ弱いが、生えてきた奥歯（第一乳臼歯）や歯ぐきでかみつぶして食べる。かむ運動の完成期。

手づかみ食べからスプーンへ

手づかみで口へ詰め込みすぎたり、食べこぼししたりしながら、ひと口の量を覚えていく。保育者の持っているスプーンを取ろうとしたり、自分で持とうとしたら、スプーンを持たせる目安になる。

参考：厚生労働省「授乳・離乳の支援ガイド」

食物アレルギーへの対応

外部からの異物を排除しようとする免疫反応が、過剰に起こるのがアレルギー反応です。特に食物アレルギーは、深刻な反応が突発的に起きやすいので、注意が必要です。

食物アレルギーとは

食物によって起こるアレルギー反応を食物アレルギーといい、さまざまな症状が現れます。食物アレルギーは、特に乳幼児に多く、アナフィラキシーを起こして重症化することもあります。原因となる食物の摂取後から、2時間以内に症状が出る即時型反応と、6〜8時間後に出る遅発型反応に分けられます。

〈食物アレルギーの症状〉

皮膚の症状
- ●唇の腫れ
- ●皮膚のかゆみ、皮膚が赤くなる
- ●じんましん
- ●湿疹など

気道の症状
- ●のどの違和感、のどの詰まり
- ●せき、声がかすれる
- ●鼻水、鼻詰まり
- ●喘鳴（ゼーゼー、ヒューヒューという呼吸音）
- ●呼吸困難

消化器の症状
- ●おう吐
- ●下痢
- ●血便
- ●腹痛

アナフィラキシー
食後1〜2時間以内に現れる全身症状。冷や汗、けいれん、血圧低下、意識障害などが生じるアナフィラキシーショックを起こして生命に危険が及ぶ場合も。

園での対応

アレルギーの原因になりやすい食材だけでなく、初めての食材は、家庭で何回か食べさせてもらってから園で出すようにします。

少しでも湿疹ができたりかゆくなったりすると、食物アレルギーを心配しがちですが、食物アレルギーではない場合や調理法によって食べられる場合もあります。自己判断で特定の食物を除去するのは危険なことや、疑わしいときは医師の検査を受けるように保護者に伝え、万が一のときの対応も話し合っておきます。

園の実践アイデア　名札を配膳にセット

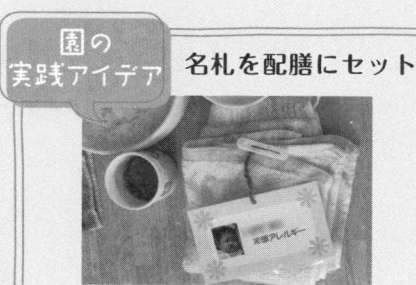

除去食の配膳間違いは起きてはなりません。確実に配膳できるようエプロンタオルに名札をつけてトレイに。写真入りなら、子どもにもひと目でわかります。

注意して与えたい食品

食物アレルギーを起こしやすい食材・食品として、消費者庁が表示の義務づけ・推奨しているのは 27 品目。中でも乳幼児には、卵、乳、小麦の 3 大アレルゲンとそれを使用した加工品は注意が必要。

表示義務がある 7 品目

卵	乳	小麦	落花生	エビ	ソバ	カニ

表示が推奨されている 20 品目

	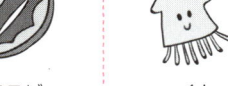	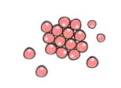		
アワビ	イカ	イクラ	オレンジ	カシューナッツ

キウイフルーツ	牛肉	クルミ	ゴマ	サケ

サバ	大豆	鶏肉	バナナ	豚肉

マツタケ	モモ	ヤマイモ	リンゴ	ゼラチン

参考：消費者庁「アレルギー物質を含む加工食品の表示ハンドブック」（平成 26 年 3 月改訂）

6か月未満
頃の食事

この時期の食事

授乳はおなかだけではなく心も満たす大事な時間です。安定した人間関係の中で安心してミルクを飲み、心地よい生活を送ることが人間への信頼感の基盤になります。授乳間隔は1回の授乳量が増えるにつれて、リズムができていきます。

基 本

保育者や場所に安心感を持てるように工夫する

大人が思うよりもずっと子どもは環境の変化に敏感です。入園間もないときは慣れない環境に不安を感じ、ミルクの飲み方に影響することがあります。安心できるように家庭的な雰囲気を整え、特定の保育者が授乳を担当するようにします。授乳は単なる栄養補給ではなく、信頼関係をつくるものなので、目を見て話しかけ、子どもとコミュニケーションを心がけましょう。

おいしいね〜

目を見て
話しかけて

授乳 の頃

母乳・ミルクから離乳食へ さまざまな味や食感を

　泣いて空腹を知らせたら、答えながら準備します。「〇〇ちゃん、おなかすいたね」「ミルク飲もうね」「お口ふこうね・おててもきれいにね」などと言葉をかけましょう。授乳中も目を合わせて、「おいしいね」と話しかけて、子どもの満足感を共有します。飲み終わったら、口と手をふき、たて抱きにして背中をやさしく下から上になでてげっぷ（排気）をさせましょう。

口のまわりの刺激で 食欲増進

授乳の前にタオルで口をふいてきれいにすると、食欲増進効果もあります。乳首で口をつつくようにするのも同様で、口のまわりに刺激があると唾液が分泌されるのです。

授乳の際は保育者のひじを クッションなどで支えて

授乳の際、片手で子どもを抱くのは、保育者の体全体に負担がかかります。ひじを支えるクッションなどを使うと、体もリラックスし、それが子どもにも伝わって、なごやかな授乳タイムに。

Point

ミルクのあげ方と環境づくり

目線を合わせる。

保育者が安定して座れることも大事。ひじかけやクッションを利用して調整。

「お口ふこうね」「ミルク飲もうね」と声をかけると子どもも安心する。

子どもの両手は自由に動かせるようにしておく。

口をふくタオルを用意。口のまわり、左手、右手の順にふく。手は指の間もふく。

ほ乳瓶を水平にすると空気が入ってしまう。必ず、乳首が下になるように支える。

子どものあごの下にタオルを当てておく。

カーテンやつい立で区切り、こぢんまりと落ち着いた空間を作る。

手を子どもの腰に添えて、安定するように支える。

5か月前後

離乳食開始は
家庭と相談して、準備する

　5か月前後の頃、授乳のリズムができて間隔があくようになってきたら、離乳食の開始を検討します。発達の目安になる右のようなサインが見られたら、家庭と相談しながら離乳食の準備を開始します。準備は、子どもの体調のよい日、授乳の前に湯冷ましや麦茶を1さじだけ与えます。少しずつ始めて、様子を見てポタージュ状の離乳食を始めます。

お役立ち
アドバイス

そろそろ
離乳食開始のサイン

□ 首がすわっている
□ スプーンを口に入れたとき、舌で押し出そうとしない
□ 遊びの中で、おもちゃをなめる、指をしゃぶるなどの動作がひんぱんに見られる
□ 食べ物に興味を持ち、食欲が増えてきている
□ 大人が食べる姿に興味を持つ

離乳の準備が整ってくると見られるサインです。だいたい5〜6か月頃ですが、ひとりひとりに合わせます。

〈離乳食の食べさせ方の注意〉

子どもは常に動いているので、順番通りにはいきません。
子どもの食べる意欲を待ち、機械的にスプーンを入れることのないよう、気をつけましょう。

1 いつも同じ席に子どもを抱いてつく。子どもにエプロンをつけ、タオルで口のまわりと手をふく。そのつど話しかけ、手順はいつも同じようにする。

トロトロ
だよ

2 「いただきます」を言う。食材や食感、味などを言葉にして話しかける。

3 スプーンの先にひと口分をのせ、水平になるように持ち、子どもの正面に運ぶ。子どもが自分からスプーンに向かい、上唇で取り込もうとするのを待って口に入れる。

離乳食開始後の食器

離乳食の開始からモグモグ期（7～8か月頃）の間は、保育者が介助スプーンで子どもの口に運びます。介助スプーンは、ボウルの部分がすべて子どもの口に入るように幅が小さめで、先に丸みがあるもの。上唇で食べ物をこすり取りやすいように、できるだけ浅いものが向いています。

家庭との連携

入園前の状況や離乳食など細かく相談しましょう

入園まで母乳育児だった場合は冷凍母乳を希望するか（園で冷凍母乳を扱う場合）や、ミルクの場合は家庭で使用しているほ乳瓶の乳首のタイプを確認するなど細かく話し合います。

離乳食を開始するときは保護者と話し、園での進め方を伝えます。初めての食材は家庭で経験してから追加など、アレルギー対策は家庭との連携が大切です。

保護者との連絡チェックリスト

- □ 母乳・ミルク・混合のどれか
- □ 冷凍母乳を希望するか（園で対応している場合）
- □ ほ乳瓶の乳首の種類（実物を持参）
- □ 1回に飲む量
- □ 1日の授乳リズム

――― 離乳食開始の際 ―――

- □ 家庭でも離乳開始のサインが見られるか
- □ 離乳食を開始するのに、都合のよいタイミングはいつかの相談
- □ アレルギー対策のため、未経験の食材は家庭で食べてから追加することの説明

食事 6か月〜1歳3か月未満頃の食事

この時期の食事

なめらかなものを飲み込むことから始め、舌や歯ぐきでつぶすようになり、歯の数も増えて、自分で「咀嚼」し、飲み込む、手づかみ食べなど、「自分で食べること」が始まる期間です。食べ方は言葉の発音にも関係します。ていねいな援助を。

基本

母乳・ミルクから離乳食へ さまざまな味や食感に気づく

本格的に離乳食が始まります。最初は1日1回から始め、スムーズに進めば10か月前後に1日3回食になります。離乳食を通して味や食感の違いに気づき、「かむ（咀嚼）」「飲み込む（嚥下）」を学んでいきます。食物アレルギーへの注意は忘れないようにします。受け身の「食べさせてもらう」姿勢ではなく、「自分で食べる」という意欲を育てていきましょう。

6〜8か月頃

食べる楽しさを伝えながら離乳食を進めていく

　離乳食開始から1か月ほどでモグモグ期になります。豆腐のようにやわらかい食べ物を舌と上あごでつぶして飲み込む練習です。口に運ぶときは、何を食べるのかわかるようにスプーンを見せて言葉に出します。食べ物を飲み込んだのを見てから、次を運びます。

　口に入れる→モグモグ→ゴックンに一定のテンポができるようにします。食べる量が減ることもありますが、量よりも「楽しく食べること」を大切にしましょう。

スプーンの食べ物を見せて対話を

「さあ、ごはんにしようね」と声をかけ、スプーンを見せて「今日はお豆腐よ」と話しましょう。「おいしいね」「もうひと口食べる？」と目を見て対話をしていきましょう。

Point

手づかみ食べをしているときは

援助するときはスプーンを唇の前に持っていき、自分から取り込むのを待つ。

子どもが手づかみ食べをしているときは、そちらを先に食べさせる。食べやすいスティック状や小さなおにぎりにするとよい。

口にある食べ物の大きなかけらを、かまずに飲み込まないように注意して見守る。ちゃんと飲み込んでから、次のスプーンを差し出す。無理に食べさせず、子どもが自分から食べるのを待つ。

食事

排せつ

睡眠

着脱

清潔

35

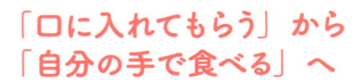
9か月〜1歳頃

「口に入れてもらう」から「自分の手で食べる」へ

　1日3回、バナナの固さ程度のものを歯ぐきでつぶして食べるカミカミ期に入ります。自分で食べたがるようになるので、食べ物をまとめて持ちやすくして援助し、持ちにくいものは、保育者がスプーンで口に運びます。この頃はテーブルや衣服が食べこぼしで汚れるものです。シートを敷くなど万全の対策をしておいて、子どもが意欲的に食べられるように援助しましょう。

1歳〜1歳3か月頃

スプーンを使って自分の口に運ぶ

　友だちや保育者が使うのを見て、スプーンを持ちたがる頃です。

　子どもがスプーンを使いたがったら、ひと口の食材を取り皿に置き、保育者が子どものスプーンに手を添えて使い方を伝えましょう。こうすると手の使い方を覚えやすくなります。子どもがひとりでやりたがるときは見守りましょう。

園の実践アイデア

手づかみ時代に活躍。子ども用の取り皿

手づかみできるものは、保育者がひと口ずつ子どもの前の取り皿に置き、それを子どもがつかんで食べます。「このニンジンにする？」と、意向を聞いて置くようにしましょう。

〈スプーンを持たせるサイン〉

興味が出て自分でスプーンを持ちたがったら、そろそろスプーンを持てるサインですが、一番大切なのは子ども自身が「持ちたい」と思う気持ちです。

スプーンの持ち方ステップ

上握り	下握り	鉛筆持ち

手指の発達とともに、握り方が変化します。最初は指全体を使って上からつかみます。（12か月頃）

手首が動くようになると下から握り、やがて親指とほかの指を使い分けるようになります。（1歳半〜2歳頃）

親指、ひとさし指、中指を使い分けられるようになると、鉛筆持ちができるようになります。（2歳頃〜）

 家庭との連携

離乳食は、プレッシャーにならないように相談にのって

　保護者の中には、熱心に離乳食を用意して子どもが食べないのを気に病む人もいます。その場合は食べる経験を楽しむことが第一であることを伝えます。また子どもが食べない場合、授乳にばかり頼る保護者には、栄養不足になることを話しましょう。園の離乳食メニューや簡単な調理情報も発信しながら、子どもが家庭でも食事を楽しめるように連携します。

離乳食に関して保護者に聞いておきたいこと

- ☐ 授乳の時間
- ☐ 授乳の量
- ☐ 家庭の離乳食メニューと使用した食材
- ☐ 子どもが食べた、およその量と保護者の感想（多い、少ないなど）
- ☐ 子どものかみ方、飲み込み方で気がついたこと
- ☐ 家庭でのスプーンの使い方（保護者がすべてスプーンで食べさせるなど）
- ☐ 離乳食で気になること

食事

排せつ

睡眠

着脱

清潔

食事

1歳3か月〜
2歳未満頃の食事

この時期の食事

離乳食は完了期に入り、幼児食に移ります。第一乳臼歯が生えて奥歯でかむようになり、食事の楽しみが増していきます。スプーンやコップなど道具の扱い方も少しずつ上達します。「自分でやりたい」気持ちを認めながら、援助しましょう。

基本

手づかみからスプーンへ
食べ方が上達

　手づかみ食べが上手になったら、今度はスプーンで食べようとします。子どもの気持ちを優先し、スプーンを持たせるといやがる場合や、スプーンに興味がない場合は、時期をずらして。

　食べ物を皿の手前に集めてすくいやすくするなど、「自分で」の意欲を満たせるように援助しましょう。皿は、ふちが垂直になっている、すくいやすいものが向いています。

園の実践アイデア

発達に応じて食事の援助を変える

①援助の必要性が高い子どもは、保育者の利き手が使いやすいように利き手の反対側に、②次の子どもは正面に、③その次は利き手側にと、席を配置するとスムーズです。

皿の中の食べ物をすくいやすいようにひと口の量に分ける、次に食べようとする食器を手前に置き替える、手が止まってきたら、介助スプーンで口に運ぶなど、個別に援助します。

食材との出会いを楽しみ友だちとなごやかに食べる

　保育者と1対1の食事から友だちも一緒に食べるようになると、いっそう食事が楽しくなります。新しい食材に、慎重な子どもはじっと見てつついたりしてから口に入れることもありますが、大胆な子どもの食べ方を見て刺激を受けることも。保育者は、一定のテンポで食べられるように援助するのが基本ですが、子どもたちが食材に向き合ったり、友だちの食べ方を観察していたりする様子を温かく見守る余裕を持ちましょう。保育者も正座イスを使うなど、よい姿勢を楽に保てるように工夫しましょう。

家庭との連携

家庭でも落ち着いた食事環境をつくる

　園で食事に集中できるように環境を整えることはもちろん、家庭でも食事中は子どもが集中して食べられるようにアドバイスを。食事中に立ち歩くという子の場合、保護者がひんぱんに席を立ったり、目に見える範囲におもちゃやテレビがあったりすると、気がそれてしまうことを伝えて。保育を見てもらうことで理解が進むこともあります。ぜひ保育参観の機会を。

2歳頃の食事

この時期の食事

スプーンを鉛筆持ちで使い、最後までこぼさずに食べるようになり、はしを使おうとする子もいます。指を使う遊びの中で慣れるようにし始めてもよいでしょう。できることを増やし、「自分で」の満足感を得られるよう援助を。

基本

自分で最後まで食べる満足感を味わう

スプーン使いがうまくなり、食べ方が上手になりますが、一方で好き嫌いも出てきます。原因はさまざまに考えられますが、楽しく食べながら解消するよう援助しましょう。

遊び方が活発になるので、気持ちの切り替えができずに食事中も落ち着かないことも。近くにおもちゃを置かない、つい立を使うなど、環境を工夫し、食事に集中できるようにしましょう。

ひとくち食べてみよう

キラ〜イ

正しいスプーンの持ち方を覚え器の扱い方が上手になる

　スプーンの持ち方が正しくできているか確かめ、保育者が見本を見せたり、手を添えたりして伝えます。右手にスプーンを持ったとき、左手は皿に添えることも伝えます。「ごちそうさま」の前に、器についたごはん粒やおかずを保育者がきれいに集めてすくい、取りやすくして、きれいに食べきる自信を味わえるようにします。最初から盛りつけを少なくするのも一案です。足りなそうなら、おかわりをすすめます。

好き嫌いがなくなるよういろいろな工夫を

　ごはんばかり、あるいはおかずばかり食べるなど、かたよった食べ方をしているときは「かわりばんこがおいしいよ」などと声をかけます。

　苦手な食材は少なく盛りつける、食材に興味を持つようなお話をするなど、好き嫌いを解消できるよう工夫をしましょう。無理強いは逆効果です。

　食事の時間は、15〜20分を目途にします。時間を過ぎたら、様子を見て「終わりにする？」と子どもに確かめながら、全部食べきれなくても、終了します。

排せつ

睡眠

着脱

清潔

〈スプーンと器の扱い方〉

食べ物をスプーンで皿のふちに押しつけながらすくい取って口に運びます。汁物は、椀を両手で持ってこぼさないように飲みます。

〈子どもが扱いやすい器〉

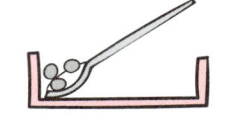

丸みのあるお椀　　底面と垂直になったふちがある皿

椀は持ったときに手のひらにおさまりやすい丸みのあるものを。皿は食べ物を集めてスプーンにのせやすい、ふちがあるものを選んで。材質は、陶器などやや重みがあるほうがうまく持てます。

あいさつと
準備・片づけを自分で

　食事の前にはイスを引き出してほどよい位置に調節して座る、エプロンをつける、順番通りに口と手をふく、「いただきます」「ごちそうさま」を言う、食べ終わったら、エプロンと手ふきをたたむ、など決まった食事の手順を覚えて、自分たちで行えるようになっていきます。

　子どもたちが自分でできていたら、言葉にしてほめることで自信がついていきます。保育者は食事に集中できる環境づくりも心がけましょう。

〈あいさつと環境で食事に集中〉

いただきま〜す

「いただきます」「ごちそうさま」は大事なあいさつ。ときには代表役を子どもに任せましょう。食事どきはつい立や仕切りで遊びの空間と分けて。

Point

エプロンのたたみ方例

① 半分に折ってたたむ

② 使った手ふきを乗せる

③ さらに半分にたたむ

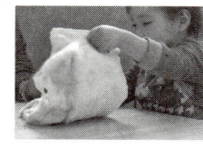

④ 完成。きれいにできました。

１歳半頃になったら、手ふきのタオルも一緒にして四つ折りにたたむ習慣を。
２歳頃には、たたんだものを自分の棚の決まった場所に片づけられますが、子どもの自主性にまかせることも大切です。強制にならないように、やりたくないときもあると、保護者は承知しておきましょう。

園の実践アイデア　遊びながらスプーン使いが上手に

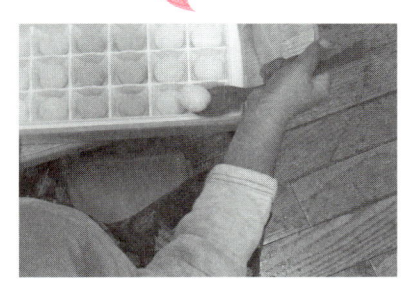

小さく区切られたコーナーに入っている玉をスプーンですくい取ります。別の箱に、モザイク模様ができるように移し替えるなどアレンジしても楽しい。

小さな穴が規則的に並んだ黒い円盤にスティックの先を当てると、磁石の働きで銀色の玉が出現するおもちゃ。遊びながら鉛筆持ちに親しむことができます。

家庭との連携

好き嫌いのある子どもには園の工夫を伝えていく

　２歳頃は繊維がかみつぶしにくい、味や匂いに慣れないなどで野菜が苦手という子どもも多いもの。しかし味つけや調理法の変化、友だちが食べる姿に影響されて食べるようになることも。「〇〇の味つけでちょっぴり食べました」などと情報を保護者と共有しましょう。気にしすぎる保護者に対しては、楽しく食べるのを優先して気長に対応するように伝えましょう。

日頃の食事の様子を詳しく知らせていく

　あいさつを言う、エプロンや手ふきの用意・片づけをするなど、園でできるようになったことは詳しく知らせます。

　園と家庭とで、あまりに違う生活にしないことも大切です。家庭ではどんな状況かを聞きましょう。「自分のことが自分でできるようになるのは自信につながる」と意義を伝えながら、家庭との接点を探していきましょう。

食事

3〜5歳頃の食事

この時期の食事

スプーンやはし、コップや椀の扱い方が上手になり、食事はほぼ自立します。大人のようなかむ力はないものの乳歯が生えそろうので、幼児食卒業まではあと一歩。配膳・片づけ、マナーもひと通り覚えて、年少児の世話もできるようになります。

基本

みんなで気持ちよく食事をするためにルールやマナーを

　お話を理解する力が育ってくるので、食事を入り口にして、食べ物への関心を広げることができます。野菜を作った人の話や栄養の話から、好き嫌いが解消することもあるので多方面から食育を進めましょう。ルールを理解して守ろうとする意識も高くなります。ルールやマナーは、みんなが気持ちよく過ごすために大事なものという意味も伝えていきましょう。

3歳頃

マナーを守り、姿勢を正すと気持ちがいいと伝える

自分のコップや手ふきを出す、エプロンを用意するなど準備は手順通りに行うことができるようになります。食事中のマナーにも注意を促しましょう。かむときは唇を閉じる、片手は皿に添える、椀を持つとき内側に親指を入れないなど、「きちんとできると素敵」と伝えていくといいでしょう。

よくかむためには足の裏をしっかり床に着けて、背すじを伸ばした姿勢が大事です。正しい姿勢は健康のためにもよいことを伝えて。

〈食事のときに気をつけたいこと〉

体はテーブルに近づける。

背すじを伸ばして深く座る

足は床にしっかりつける

イスを引いて座ります。体がテーブルに近づくようにイスを寄せ、深く腰かけます。背すじは伸ばすように声をかけましょう。

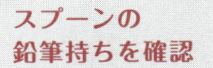

お役立ちアドバイス

スプーンの鉛筆持ちを確認

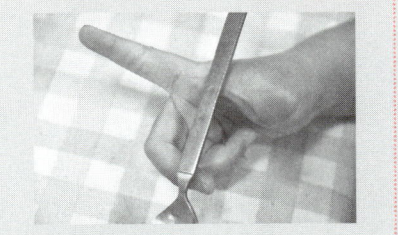

スプーンの鉛筆持ちが正しくできているか、確かめましょう。写真のように親指とひとさし指の間と中指の上に柄をのせ、親指とひとさし指でつまみます。

園の実践アイデア

配膳の基本を確認

その日の給食メニューを見やすい場所に展示しておくと、食欲が刺激されます。ごはんは左、汁物は右、デザートは向こうの左側というふうに食器の並べ方も確かめることができます。

食事

排せつ

睡眠

着脱

清潔

4〜5歳頃

配膳から片づけ、はしの使い方もマスター

日々の積み重ねから、4〜5歳になると食事をトレイに配膳して食卓に運び、食後は決められた場所に器を片づけることもできるように。保育者や年長の園児がお手本を見せ、言葉で伝えることが大切です。

はし使いの発達は個人差が大きいので、苦手な子どもには、はしを使う遊びに誘って指使いに慣れるように援助します。

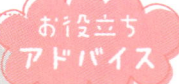

はしを使う遊びではし使いを楽しく

容器に入ったスポンジをはしで移し替える遊びです。スポンジ以外でも、形や重さ、質感の違う手近なものでバリエーションを増やすとより幅広く遊べます。

Point

はしの使い方を伝える

①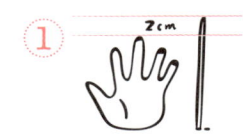

使いやすいサイズは、手首から中指の先までの寸法に2〜3㎝足した長さ。

②

親指、ひとさし指、中指ではしを1本鉛筆持ちにする。

③

そのままはしの先を上下に動かしてみる。

④

小指の側からもう片方のはしをさし込む。

⑤

上のはしを動かして食べ物をつまむ。最初は保育者が下のはしを押さえるとよい。

⑥

持ち方に慣れたら、自分で下のはしを親指の根元で押さえるように持って動かす。

園の実践アイデア

当番活動で年長児の自信をはぐくむ

　5歳児が日替わりで数人ずつ当番を務めます。給食メニューを聞いて、使われている食材をボードに貼る、準備時にスープを器によそう、後片づけでテーブルをふくなど、さまざまな仕事を協力しながらこなします。自信がつき、食事の楽しさがわかります。

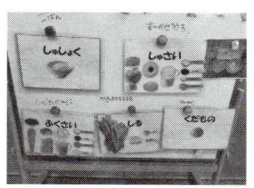

今日のメニューと食材を聞いてボードに分類。食材を知って食べ物への興味が高まる。

帽子とエプロンが当番の目印。役目を担い、みんなの注目を浴びて、達成感を味わう特別な一日に。

家庭との連携

イモ掘りなど野菜の収穫は連携のよい機会

　イモ掘り遠足のように食材を家庭に持ち帰るイベントは、連携のよい機会です。園からのおたよりでも「手軽に焼きイモを作る方法」「おイモの意外な栄養と健康効果」などのような、さまざまな関連情報を発信しましょう。家庭でも食材を種に話題が広がり、親子の関心を共有することができます。家庭での調理法も知らせてもらいましょう。

園でのお手伝いの様子を伝え成長を知ってもらう

　当番活動の内容や、子どもがやりとげたことを詳しく連絡します。保護者も子どもの成長が誇らしく思えるので、家庭でも、食器をふくなど、家事を一緒にしてみるように伝えてみましょう。生活経験は子どものできることを増やし、親子の交流にも役立ちます。

　人の役に立つという経験で、子どもが何より自信を持つことができ、意欲につながると伝えます。

食事に関する おたより文例集

春の野菜を食べよう

冬の間にエネルギーをため込んだ春野菜は、体の新陳代謝を盛んにしてくれます。春キャベツ、新タマネギ、新ジャガ、タケノコ、グリーンピースなど。ぜひ、ご家庭での食事でも取り入れてみてください！

食中毒に注意！

じめじめと湿度が高くなるこの時期、気をつけたいのが食中毒です。冷蔵庫の食べ物もすぐに傷んだり、カビが生えたりしてしまいます。「冷蔵庫にしまっておけば大丈夫」と安心せずに、できるだけ早めに食べるようにしましょう。

たくさんかんで丈夫な歯に

食べ物を食べるときは「よくかむ」ことを意識してみませんか。咀嚼することで消化を助けたり、脳への刺激につながったりといいことがたくさん。もちろん歯をみがくことも大切ですね。健康な歯と体づくりを心がけましょう。

冬は食べ物でぽっかぽか

寒い冬は、体を温める食材を積極的に食べましょう。カボチャ、タマネギ、カブ、ショウガ、ニンジン、コンニャクなど、お鍋やスープにして食べれば体もぽかぽか温まりますね。今年の冬は、食べ物でもかぜ予防をしましょう！

朝ごはんは 一日のエネルギー源！

脳は眠っている間にもエネルギーを使っています。午前中の脳の活動のためにも、家族みんなで朝ごはんを食べて、エネルギーを補給しましょう！朝ごはんは肥満防止や快便効果、生活習慣病の予防にもなります。

「ばっかり食べ」よりも 「三角食べ」にしましょう！

食べ物の食べ方は子どもによってさまざまですが、ごはん→おかず→汁物と順番に食べていくのが理想といわれています。食事をもっとおいしく味わえるように、ご家庭でも食べる順番を少し意識してみるのがおすすめです。

PART 2

排せつの生活習慣

排せつは、この時期とても大きな変化をとげます。
おむつからパンツへ変わり、
やがてひとりでトイレに行けるようになるよう、
自立を援助していきましょう。
デリケートな問題なので、配慮を忘れずに。

排せつ

知っておきたい

排せつは食事や睡眠と同様に、健康な生活を支える大
タイミングよくしっかり排せつできるように、発達に合

0〜1歳児

不快と快適の感覚がある

　6か月未満頃は反射的に少量ずつ尿が出る状態ですが、おむつが不快なときは泣いて知らせることも。保育者は交換のつど、「ぬれちゃったね」「気持ちいいね」のように不快と快の区別を言葉で伝えるようにします。

ぬれちゃったねー

歩く頃にトイレになじむ練習

　成長につれてしだいに膀胱（ぼうこう）に尿をためられるようになると、尿意を子ども自身がわかるようになり、おしっこを知らせるサインが表れます。トイレにいやなイメージを持たせず、便座に座る練習もやってみましょう。

2歳児

自分から行くのを待ってみる

　トイレで排せつする経験を重ねると、事前に尿意を教える子どもが増えてきます。まずは子どものリズムに合わせてトイレに誘い、知らせるようになってきたら、あえて誘わずに、本人の様子を見ていきましょう。

できなくてもせかさず、責めず

　排せつの発達にも個人差があります。排尿した後で知らせる子どもや、知らせたがトイレに間に合わないなど失敗はよくあることです。常に「教えてくれてすごいね」という成長を認める言葉がけをします。

排せつ の 生活習慣

事な生活習慣です。自分の体の感じ（尿意や便意）から、
わせて援助していきましょう。

食事

排せつ

睡眠

着脱

清潔

3 歳児

パンツで一日中過ごせる

見守られながら、およその後始末や身支度までできるようになり、一日を通してパンツで過ごせるように。「恥ずかしい」という意識が生まれる時期なので、失敗は目立たないように片づけます。

トイレの使い方を覚える

パンツは下ろしたが上着がぬれてしまう、便器の外に尿がこぼれるなどの失敗もよく起きます。保育者がそばで見守り、子どもの様子に応じて手伝いながら、トイレの使い方を言葉で伝えていきましょう。

4〜5 歳児

トイレのマナーを身につける

保育者が手伝わなくても後始末までできるようになり、自信がついてくる頃です。便器を汚したら保育者に伝える、スリッパを片づける、手を洗うなどのマナーも忘れないように、保育者が言葉をかけていきます。

手は洗った？

あっ

がまんしすぎないことも大切

トイレをある程度がまんできるようになりますが、無理ながまんは健康にもよくないことを伝えます。就学後のことも考えて、必要なときに子どもが自分で判断して行けるようにしましょう。

排せつ

6か月未満
頃の排せつ

この時期の排せつ

少量ずつひんぱんに排尿しています。乳児は皮膚が弱く、ぬれたおむつをそのままにするとかぶれることもあるので清潔に保つことが大切です。おむつ交換はスキンシップの貴重な機会になるので、声をかけて温かく接していきます。

基本

タイミングを見て
ひとりひとりに対応

膀胱（ぼうこう）に尿をあまりためられず反射的に排尿していますが、発達とともに少しずつ1回の量が増え、間隔があいてきます。この時期はおむつがぬれた不快感と、交換してもらう心地よさを感じ取れるように、「ぬれたね」「さっぱりしたね」のように言葉をかけます。毎回ごく少量しかぬれていないときに替えていると、違いがわかりにくいので、適度な間隔を心得ましょう。

不快なときは泣いて知らせると、保育者が心地よい状態にするという行為の繰り返しが、排せつの自立の第一歩。紙おむつの場合は、布おむつに比べると不快を感じることが少ないという面もあります。

快適なおむつ替えスペースづくり

交換台は安全のために囲いをつける。床に交換スペースを作るときは、おむつ交換専用のマットを用意する。

おしりが直接触れないように、バスタオルや防水シートを敷く。

じっとしていないときは、話しかける、あやすなど工夫を。

言葉を聞いて覚えているので、「おむつ替えようね」のように、何をするかがわかるように言葉で伝える。

交換台やマットは、1回使用するごとに消毒液でふいて清潔を保つ。

途中でその場を離れることのないように、おしりふき、着替え、交換用おむつなど必要なものはひとまとめにしておく。

汚れたおむつは手早く清潔に片づけられるように容器を用意。

交換後は、個別の排せつチェック表に時間などを書き留める。

食事　排せつ　睡眠　着脱　清潔

合理的な交換スペースで手際よく

　おむつ交換は手際よく行うことが肝心です。必要なものは個別にひとまとめにしておき、交換台に先に用意します。消耗品類も確認して、最後に子どもを連れてくるようにします。

　感染症の予防も重要です。便のおむつ交換はポリ手袋をつけ、手を洗った後消毒液で洗います。床の交換スペースは、囲いなどで仕切りをしておきましょう。

53

おむつの替え方（紙おむつの場合）

① 交換用おむつ、おしりふき、バスタオル、着替え、使用ずみおむつを入れるポリ袋など必要な物を用意する。

② 「おむつを替えようね」「ねんねしようね」と声をかけ、首を支えながらおしりのほうから下ろして寝かせる。

③ 「おしりを上げようね」と声をかける。腰に手を当てて持ち上げ、おしりの下に新しいおむつを広げる。

④ ぬれたおむつを開き、おしりふきで、前から後ろに向けてふく。肌の弱い子どもには、お湯で湿らせたタオルなどでふいてもよい。

⑤ 手で腰を持ち上げ、ぬれたおむつを抜いて片づける。

⑥ 左右均等になるように新しいおむつを当て、テープで留める。おなかまわりや足ぐりがきつくないか確かめる。

●おしりを上げるときに足首を持って引き上げると、股関節脱臼するおそれがあります。必ず腰に手を当てて持ち上げます。

●排便の場合、保育者は手袋をつけ、汚れたおむつを早く片づけ、おしりの汚れを洗うかあるいはふいて清潔にします。

発達に合わせて楽しいおむつ交換

　おむつ交換は1対1で子どもとふれあう大事な時間です。子どもも新しいおむつでさっぱりしたら、保育者に甘えたり好奇心を働かせたりしたくなります。歌を歌いながら手足を軽く動かしマッサージのようになでたり、足の裏を指で触ったりして、スキンシップしましょう。ほんの2〜3分でもよい刺激を与えることができ、保育者への信頼感も増していきます。

園の実践アイデア

歌に合わせて手足を軽く動かす

歌に合わせて、軽く持った足を上げたり下げたりとふれあって。強く動かすのは禁物です。

   　**家庭との連携**

紙おむつ・布おむつなど園の方法に理解を得る

　吸収力の高い紙おむつが普及していますが、布おむつにも利点があります。尿の量や間隔がよくわかる、子どもがぬれたことを感じやすい、ひんぱんなおむつ交換で保育者とふれあえるなどです。布おむつを使用している園は方針と長所をていねいに説明しましょう。おむつカバーの枚数など、保護者が用意する物にも協力を得ていきましょう。

おむつに関して保護者に聞いておきたいこと

- □ ふだん、紙おむつ・布おむつのどちらを使用しているか
- □ 一日のおむつ交換の回数、タイミング
- □ 大便の回数とタイプ（軟便、便秘など）
- □ 紙おむつの場合、使用しているサイズ
- □ 股関節脱臼など、現在経過観察中、または診断を受けた病気
- □ おむつにかぶれたことがあるか

排せつ

6か月〜1歳3か月未満
頃の排せつ

この時期の排せつ

　膀胱（ぼうこう）と神経の発達で、しだいに尿がたまった感覚、尿が出る感覚を感じられるようになります。1歳を過ぎたら、午睡のあとなど、おむつがぬれていないときに、園のトイレに誘ってみましょう。トイレで排せつできることもあります。

基本

排せつの感覚が少しわかり
トイレに興味をもつ

　お座りから歩行まで大きく成長する期間です。排せつの感覚も感じ取るようになり、排せつの前にサインを出したり、排せつ後に知らせてくれることも。間隔があいてくるのでタイミングを見て誘い、トイレ経験を重ねましょう。成功したら「おしっこが出たね」と話して言葉と感覚がつながるようにします。トイレをいやがらないことが大事なので、無理強いは禁物です。

トイレに行こうか？

おなかを押さえてもじもじ、おしりを振るなど、排せつのサインがあったら、トイレに誘いましょう。

6〜11か月頃

おむつ替えに
協力できるようになる

いつも同じ言葉をかけながら、おむつ交換をしていると、子どもが協力動作をできるようになります。おむつを当てるときは「おしりを上げようね」の言葉で、子どもが自ら腰を持ち上げられるようになるのです。服を着せるときも「足を入れてね」のように次の動作を言葉で伝えていくことが大事です。協力してくれたら「よくできたね」と言葉で伝えましょう。

1歳頃〜

歩き始める頃
おむつをはずす練習を開始

歩けるようになったら、膀胱の感覚がよりわかりやすくなります。トイレの練習を続けて、タイミングよく排せつできたら「おなかの変な感じ」「出すとすっきりする」という体の感じと、「おしっこ」という言葉が結びつくように言葉をかけます。水遊びなどでおむつをはずしたときは、「気持ちがいいね」と声をかけて、おむつをはずした快適さを伝えましょう。

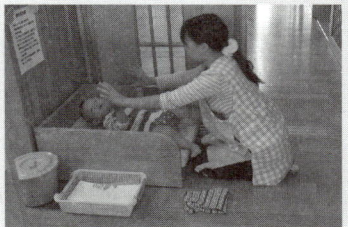

体を起こすときは保育者の親指をつかませる

体を起こすときは「起きようね」と声をかけて、保育者の親指につかまらせます。体力がつくとともに「自分で」起きるという主体性を発揮しやすくなります。

 家庭との連携

おむつはずしの練習は
家庭にも知らせる

園でのおむつはずしの状況を知らせると、関心を持ってもらうことができます。朝起きておむつがぬれていないときや、服を脱いだときはおしっこが出やすいので、家庭でもトイレに誘うようにすすめてみましょう。おしっこが出たときは「おしっこ出たね。よかったね」と喜んで、言葉をかけるように伝えておきましょう。

1歳3か月〜
2歳未満頃の排せつ

排せつ

この時期の排せつ

膀胱にためられる量が増え、前よりもたまった感じがわかるようになります。そのため、排尿の前に独特のしぐさをしたり、言葉で教えたりすることが出てきます。トイレでうまく成功しなくても、快く対応しましょう。

基本

トイレに座ることや
排せつすることに慣れる

膀胱の感覚がわかってくる頃です。トイレが何をする場所なのか、少しずつわかっていくように援助します。

トイレをいやがらないことがとても大切なので、子どもが遊びに夢中のときは誘わないなど、タイミングも大切です。便座が冷たくないようにするなど、トイレの環境が心地よくなるように配慮しましょう。

月齢が上の子どもがトイレでする姿を見ると、「自分も」とあこがれ、やってみたい気持ちがめばえます。

おしっこサインやタイミングでトイレに誘う

もじもじするなど、その子どもなりのおしっこサインがわかったら、トイレに誘いましょう。排尿間隔から見てそろそろかなというときや、着替えのとき、午睡のあとなど、おむつがぬれていなかったら誘ってみますが、無理強いは禁物。こまめに誘いすぎないことも必要です。「誘われて排尿する」だけでは、本人の感覚が育ちません。膀胱にぎりぎりまでたまった感じを子どもが感じ取れるように、ときには誘うのを控えます。

「おしっこ」と知らせたことを認めて受け止める

言葉が出始めると、「チー（おしっこ）」と言葉で教える子どもが増えてきます。うまくトイレで出せたら、「おしっこが出たね。また教えてね」と声かけしましょう。

教えに来ても、もう排せつしたあとだったり、トイレに座っても出ない、便座から下りたあとで出るなどの場合も。まずはトイレに行く感覚に慣れ、「子どもが自分からトイレに行こうとしている」積極的な姿勢を認めてあげることが大切です。

おむつ交換の前に便座に座ってみる

おむつ交換で服を脱いだタイミングで、「おしっこ出るかな？」と聞いてみましょう。「うん」と言ったらトイレへ。そのとき出なくても「また今度しよう」とおむつ交換を。

〈トイレサインを見逃さない〉

トイレしようか？

排せつのサインは、遊びの途中で止まる、おなかを押さえる、もじもじする、走り回る、内またになるなど。排便は、顔を赤くしていきむ、カーテンの陰に隠れる、何かにつかまって動きが止まっているなど。その子どもなりのサインを見逃さずトイレに誘いましょう。

心地よいトイレ環境づくり

清潔は最優先。汚れたままになっていないかなど、スタッフ全員で気にかける。

壁面に絵などを飾ると親しみやすいトイレになる。動物やキャラクターなら「○○ちゃんに会いに行こう」という誘い方も。

1回分の長さに切った紙をウォールポケットに入れておくとよい。

手すりがあると座る・下りるが自分でやりやすい。

ペーパーホルダーは子どもの手が届きやすい高さに。紙を切る練習をするときは紙の長さの目安を具体的にわかるように見せる。

冬は便座が冷たくならないようにシートを敷くなど、温かく快適になる工夫をする。

トイレでの排せつに慣れてきたらそろそろパンツへ

　1回の尿量が増えて、間隔があくようになり、トイレで排尿する経験を積んだら、そろそろパンツへの移行を検討しましょう。半日だけパンツにして様子を見ながら時間を増やしていく、トレーニングパンツを使うなど、切り替え方は園によりますが、子ども自身はパンツをはけることや、その身軽さを喜びます。パンツのときに失敗しても、おおらかに受け止める姿勢で。

トレーニングパンツか
布パンツかは保護者と相談

布パンツは、吸水性がなく、排尿したときはぬれて、下にもれます。子ども自身が排尿を自覚でき、はいたときに快適なのが特徴です。トレーニングパンツは吸水性にすぐれていますが、おむつほどではないので、ぬれた感覚は子どもにも少しはわかります。布製と紙製など、おむつと布パンツの中間的なものが多種類あります。

園によって進め方は異なりますが、保護者とも方針と考え方の話し合いを。

着脱スペースに 座りやすいイスを置く

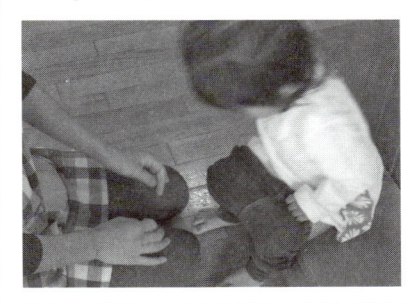

おむつ交換スペースのそばに、子どもが腰かけやすいサイズのイスを用意。落ち着いて自分でズボンの上げ下ろしができます。

 家庭との連携

パンツへの移行は
家庭と相談する

おむつからパンツに切り替える時期については、保護者と話し合いましょう。

子どもが、園でおむつをはずしたいような様子を見せたら、「パンツにしているお友だちを見て、うらやましそうです」「今が、おむつをはずすのにいい時期だと思いますが、おうちではいかがでしょう」など、様子を伝えながら、おむつをはずす時期を相談します。

家庭の状況を聞き
園の様子を伝える

また、おむつをはずす前に、家庭での様子を細かく聞いておきます。家庭のトイレで排せつを経験しているか、保護者に尿意を知らせているか、トイレをいやがっていないかなどを聞き、家庭主体でおむつはずしができるようにします。そのうえで園の状況や工夫なども伝え、援助します。子どもの様子を見て、パンツへの移行を保護者にすすめてみましょう。

2歳頃の排せつ

排せつ

この時期の排せつ

　2歳から3歳の間に、多くの子どもは自分でできることが増えますが、まだ不安定です。遊びに夢中で忘れることや、体調が悪いときはおむつに戻ることもあります。自我が育つ年齢でもあるので、保育者はあせらず無理強いしないことです。

基　本

体の発達と経験の積み重ねでトイレに行けるように

　2歳頃、脳や排せつ器官、膀胱、随意筋の発達で、尿や便がたまったことが感じ取れるようになり、じょじょにトイレまでがまんできるようになります。日中の排せつの自立が進みますが、睡眠中の排せつはメカニズムが違うので、同時に進むとは限りません。ゆっくり進む子どももいます。その子の今までの進み方をよく見て、対応を工夫しましょう。

〈排尿のメカニズム〉

膀胱に尿がたまると脳に伝わり、脳から「おしっこがしたい」と指令が出て、トイレに行く行動につながります。

友だちと一緒なら
トイレに行くことも

　イヤイヤ期ともいわれる2歳頃は、「自分で決めたい」という思いが強く、保育者の誘いにのらないこともあります。「行かないとだめでしょ」と強制したり、しつこくしたりするとトイレがいやになり、逆効果です。

　友だちの姿を見て影響を受けるので、2～3人ずつ誘うと、いやがらずに一緒に行けるでしょう。ただし集団になると、はしゃいで遊び始めることもあります。トイレが遊びにならないような注意も必要です。

着脱から水洗まで
できるように介助

　便座に座ることに慣れてきたら、3歳頃にひと通りできるのを目指して援助します。排尿のあと、女児はペーパーでふく、男児は軽く振って水気を切る、使った後は水を流す、手を洗ってタオルでふくなど、言葉にしながら教えていきます。ズボンやパンツ、タイツの上げ下ろしは、服のタイプと子どもの様子に応じて援助しましょう。子どもができるようになったことを見逃さずに言葉にして認めていくと、自信を持つことができます。

園の実践アイデア

トイレも心の発達に配慮して変化

恥ずかしいという気持ちがめばえてくる3歳近くになったら、乳幼児用のオープンなものよりも、低い仕切りのあるトイレが落ち着く場合もあります。

家庭との連携

家庭での進展を知り、
悩みを受け止める

　3歳は自立の節目になる年齢です。そのため、3歳が近づいてくると、スムーズに進まない子どもの保護者はあせりやストレスが強くなりやすいもの。それが子どもに伝わって影響していることも。

　園での子どもの様子や誘うタイミングなど具体的なコツとともに、紙おむつの快適さや便利さに頼っていると、自立が遅れることもあると折を見て伝えます。

3歳頃の排せつ

排せつ

この時期の排せつ

　膀胱（ぼうこう）にたくさん尿をためられるようになり、2～3時間はトイレに行かなくてもすむようになり、多くの子どもは一日中布パンツで過ごすようになります。失敗したときは、恥ずかしいという気持ちのめばえに配慮して対応しましょう。

見守られながらひと通りできるようになる

　尿意を感じたら保育者に教え、ズボンやパンツを便器の前で下ろすことができるようになります。排尿後も、女の子は自分で紙を取ってふくように。パンツとズボンを上げて、水を流し、自分の手を洗ってタオルでふくという一連の流れを、初めは保育者に見守ってもらいながら行い、しだいに援助がなくてもひとりで行えるようになっていきます。

トイレ

行ってみようか？

〈便座の座り方〉

上着のすそを
持ち上げる。

ひざを閉じる。

後ろまで深く
腰かける。

ズボン、パンツを
足首まで下ろす。

ズボンやパンツを全部脱ぐのではなく、足首まで下ろして排せつするように、ていねいに関わりながら伝えていきます。

〈立ち便器の使い方〉

おちんちんを下に向けて、腰を前に突き出す。

終わったら振ってしずくを切る。

便器の前に足形の目印をつけておくと、立つ位置がよくわかります。ズボンとパンツは便器の前で下ろすように伝えます。

トイレットペーパーの取り方と使い方を覚える

トイレットペーパーの適切な使い方を伝えましょう。ほどよい長さ（30〜40cmくらい）がわかるように見本や目印になるものをホルダーのそばに置いたり、保育者が取って見せたりします。

自分の利き手で紙を引き出し、もう片方の手でホルダーのふたを押さえると切りやすくなると伝えます。紙を切るときは、ホルダーに近い部分を持って切ることも伝えます。

 家 庭 と の 連 携

3歳からの新入園児の保護者の不安に配慮

新入園児の中にはおむつの子どももいるでしょう。保育者がタイミングを見て誘ってトイレに慣れるとともに、友だちや年上の子どもがトイレを使うのを見ているうちに布パンツに移行できるでしょう。おむつはずしに消極的な保護者には、園での子どもの積極的な様子と、トレーニングパンツなどの情報も伝えて、不安を解消して取り組めるように話し合いましょう。

4～5歳頃の排せつ

この時期の排せつ

　年中、年長児としての自信を持ち、トイレでひと通りのことができるようになります。汚さないように使う、順番を待つ、スリッパをそろえる、手を十分に洗うなど、一人前のマナーを身につけるまで、見守りながら援助しましょう。

基本

マナーの意味を伝えて
守っていく

　トイレットペーパーの取り方、手の洗い方もひと通りでき、順番を守ることも理解できるようになります。しかし、ときにはマナーや手洗いをおろそかにすることもあるので、みんなが気持ちよく使うために大事なこととして、マナーの意味を伝えましょう。

　おもらしの失敗を隠そうとすることもあります。保育者は早く気づいて気持ちよく片づけるようにしましょう。

順番だよ

トイレ

手もきれいに洗ってね

おしりのふき方やトイレの
マナーをマスターする

　3歳頃まで、排便後は子どもの個別の様子に応じて、保育者がおしりをふく、または子どもがふいた後を確認します。4歳を過ぎる頃には、ひと通りできるようになりますが、まだ慣れない子どもは見守ります。

　説明が理解できる年齢なので、女の子には「バイキンが入らないように前から後ろにふこう」と理由を説明して、ふき方を伝えます。手洗いやスリッパをそろえるなど、マナーも伝えましょう。

和式のトイレの
使い方も経験する

　和式のトイレも経験しておくと安心です。園に和式がない場合は、遠足で出かけた先などで見つけたら、使い方を教えましょう。

　前方に足を置いて、パンツとズボンはひざまで下ろして片手でつかんでしゃがむように説明します。いつもと違うタイプの水洗のレバーの操作なども経験しておくと安心です。

　家庭に対しても、子どもが慣れないトイレで戸惑わないように、外出先のいろいろなトイレを経験するようにすすめましょう。

食事

排せつ

睡眠

着脱

清潔

園の実践アイデア

トイレットペーパーの
長さ見本は常備しない

進級したばかりの4月には、トイレットペーパーの長さの見本を掲示します。ただし、適量がわかるようになったら見本ははずして、「見本がなくてもできる」という自信を育てます。

家庭との連携

おねしょはあまり
心配しないよう伝える

　おねしょは利尿（りにょう）ホルモンの分泌と膀胱（ぼうこう）の発達に深く関わっています。成長とともにホルモンの分泌が増えて、夜中の尿量を減らし、膀胱にためられるようになると、おねしょをしなくなります。

　保護者にはあまり心配せず、そのうちにきっと治るので、布団を子ども専用にするなど対策して、気長に見守ることをすすめましょう。

排せつに関する　おたより文例集

園のトイレに慣れますように

　新学期には園のトイレでは緊張してしまって、上手に排せつできない子がいます。がまんをすると、便秘や腹痛の原因にもなります。保育者から声をかけ、トイレに誘うよう気をつけて見ていきたいと思います。

自分からトイレに！

　自ら尿意を伝えたり、トイレへ向かったりする子が増えてきました。パンツへの興味も高まり、排せつへの意欲も高まってきたように感じます。今後も個々の様子に合わせて、見守っていきたいと思います。

おむつの卒業はゆっくり

　「もうおむつがはずれたから大丈夫！」と思っていても、遊びに夢中になっていると、トイレに行くことを忘れて、おもらしをしてしまうときもあります。よくあることなので、あせらずゆっくり身につけていきましょう。

手洗いはしっかり

　排せつ後の手洗いは、上手にできているでしょうか？　排せつできたことに満足して、手洗いをおろそかにしがちな子もいます。ご家庭でもきちんと手洗いの習慣が身についているか、ご確認をお願いいたします。

トイレットペーパーの長さはどのぐらい？

トイレットペーパーのちょうどよい長さがわからず、たくさん出してしまう子や、遊び始めてしまう子もいます。園では、「線の○本目で切ろうね」と声をかけたり、実際の長さが目でわかるようにボードに貼ったりしています。

「よいうんち」と「悪いうんち」を知ろう！

排便の状態は、健康を表すかがみでもあります。イラストを使いながら、子どもたちに「よいうんち」と「悪いうんち」のお話をしました。手洗いやおしりのふき方など、子どもたちはひとつずつ、着実に覚えて身につけています。

PART 3

睡眠の生活習慣

子どもの体と心の成長には、快適な睡眠が必要です。
睡眠のリズムは、０歳児から５歳児までの間に、
大きく変化していきます。年齢や、個人の発達を配慮しながら、
家庭とも連携し、質のよい睡眠をとれるように
援助していきましょう。

睡眠

知っておきたい

子どもの健康や成長に大切なのが睡眠。0〜5歳児の
整えていきます。園では休息のために午睡をとります

0歳児

睡眠の割合が多い時期

小刻みに眠り、一日の中で睡眠の占める割合が多い時期です。睡眠の長さや回数は個人差があります。保育者は子どもの日々の生活や体調に気を配りつつ、必要な睡眠が確保できるように配慮します。

睡眠室の環境を整える

安心して眠れるように、睡眠室は薄暗く、静かで適温を保つように整えます。窒息など睡眠中の事故が起きやすい時期なので、たとえ子どもが熟睡していても、保育者は必ず目の届く場所にいるようにしましょう。

1歳児

午睡で十分な休息を

夜間にまとまって眠れるようになると、午前の睡眠が必要なくなる子も出てきます。午前から元気に遊び、ほどよく疲れた体を休ませるために午睡をとる、というメリハリのあるリズムをつくっていきましょう。

午睡前には落ち着けるように

午睡前に絵本を読んだり、お話をするなども始められます。ただし、月齢差や個人差が大きい時期なので、興味を示さない子には無理強いせずに、その子が落ち着けるほかの方法を見つけてあげましょう。

睡眠 の 生 活 習 慣

場合、年齢とともに睡眠時間が変化し、じょじょに生活リズムを
が、それぞれの年齢に合わせ、よりよい睡眠をとれるようにします。

2〜4歳児

午睡の時間が減る子も

運動機能の発達に伴い、遊びが活発になり、体力がついてくるので、午後の午睡1回で十分体を休めることができるようになります。4歳頃になると、個人差はあるものの午睡の時間が短くなってきます。

休息の大切さを伝える

活動量や体調によっては、寝たがらなかったり、なかなか目覚めなかったりする子も。この時期は無理に時間を合わせなくてもよいので、子どもたちに、まず休息をとることの大切さを伝えていきましょう。

5歳児

午睡がいらなくなる

午睡が必要なくなり、日中は元気に活動し、夜はぐっすり寝るという生活リズムが整いやすくなります。これまで午睡に当てていた時間は体を動かすより、静かに集中できる遊びをするなど、過ごし方を工夫しましょう。

早寝早起きの習慣に

夜更かしが続いている子は、日中の活動に影響が出てしまいます。家庭での夜の過ごし方を見直してもらうなど、家庭と連携しながら早寝早起きを基本とした生活リズムを整えていけるように配慮しましょう。

６か月未満
頃の睡眠

この時期の睡眠

　３か月頃までは昼夜関係なく小刻みに睡眠をとり、３～４か月頃はある程度まとまって眠るようになります。６か月頃には、睡眠のリズムが整ってきて、午睡は午前と午後に１回ずつになる子が増えてきます。一方で夜泣きが始まる子もいます。

基本

レム睡眠とノンレム睡眠が繰り返し現れる

　睡眠には浅い眠りのレム睡眠と深い眠りのノンレム睡眠がセットとなって繰り返し現れます。レム睡眠とは体は休んでいても脳は目覚めている状態で、夢を見たり、夜泣きをしたりします。ノンレム睡眠のときは脳も休んでぐっすりと眠っている状態です。

　乳児期は小刻みにレム睡眠とノンレム睡眠が繰り返されますが、成長とともにその周期が長くなってきます。

「うとうと」
「はっ！」

浅い眠りと深い眠りを繰り返す

「ぐっすり」

Point

乳児の午睡環境づくり

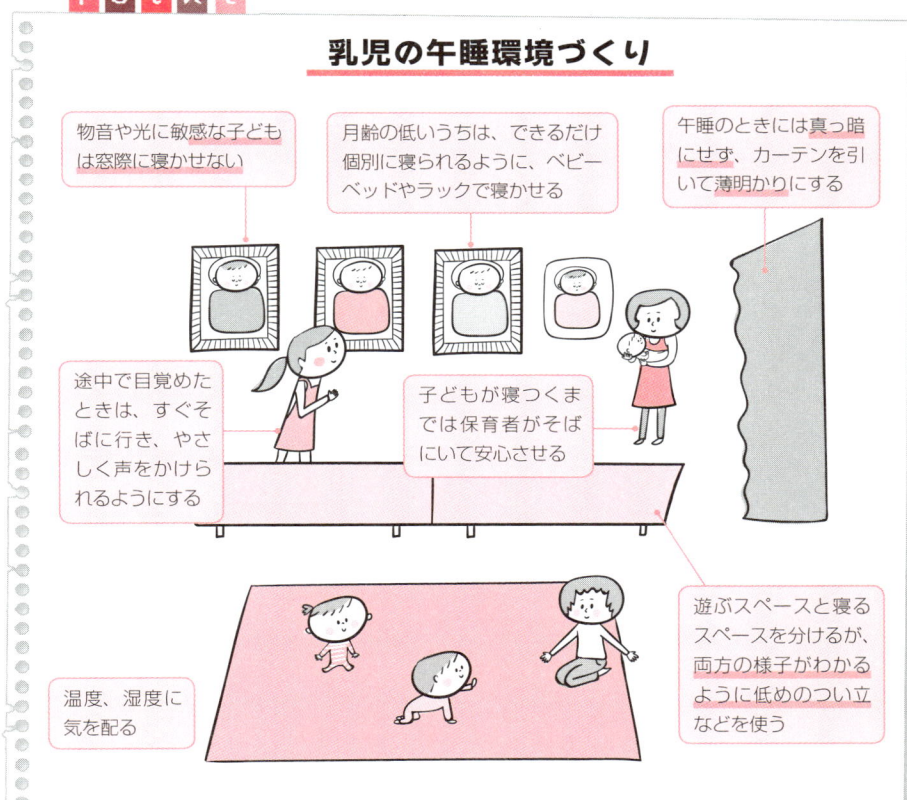

物音や光に敏感な子ども
は窓際に寝かせない

月齢の低いうちは、できるだけ
個別に寝られるように、ベビー
ベッドやラックで寝かせる

午睡のときには真っ暗
にせず、カーテンを引
いて薄明かりにする

途中で目覚めた
ときは、すぐそ
ばに行き、やさ
しく声をかけら
れるようにする

子どもが寝つくま
では保育者がそば
にいて安心させる

遊ぶスペースと寝る
スペースを分けるが、
両方の様子がわかる
ように低めのつい立
などを使う

温度、湿度に
気を配る

いつでも眠れる
環境をつくっておく

　5か月未満は、日中も寝ている時間
が多く、眠る時間もバラバラです。同
じ時間帯に起きている子と寝ている子
がいることになりますが、どちらの子
も快適に過ごせるために、ポイントを
押さえた工夫（上の図参照）をしましょ
う。子どもが寝たいときにすぐに眠れ
るよう、準備しておくことが大切です。

食事

排せつ

睡眠

着脱

清潔

生活リズムを整えるために
昼夜のメリハリをつける

　昼夜の区別がついてきて、日中起きている時間が長くなってきます。この時期は、昼と夜の違いがわかるようにメリハリをつけることが生活リズムを整える上でのポイントになります。

　昼は保育者が関わりながら活動的に過ごしましょう。夜は家庭でも寝る時間になったらテレビを消す、寝る部屋は暗くするなど、子どもがぐっすり眠れる環境をつくることが大切なことを伝えていきます。

寝ているときも
こまめに様子をチェックする

　0〜2歳児は乳幼児突然死症候群（SIDS）への注意が必要です。これは健康だった乳児が睡眠中に突然死亡してしまう病気で、原因はまだ解明されていません。右ページのチェック項目を頭の中に入れておき、午睡のたびに確認して予防に努めましょう。

　また、園では異常をすぐに察知できる場所に子どもを寝かせ、保育者は5〜10分おきを目安にこまめに子どもの顔色や様子をチェックします。

乳幼児突然死症候群（SIDS）を防ぐチェックリスト

□うつぶせ寝にならないようにする

□布団は顔にかからないようにする。またハンカチや
ぬいぐるみなどもベッドに置かない

□午睡中は5〜10分おきにこまめにチェック。目視
だけでなく、体に触って呼吸も確認

□たばこの副流煙は×。子どもがいる部屋では必ず禁
煙。家庭でも同様に気をつける

家庭との連携

寝る環境や睡眠の様子など を保護者から聞いて

　園に慣れるまでは、なかなか寝
つけなかったり、すぐに目覚めて
しまったりする子もいます。

　子どもが園でも安心して眠れる
環境を整えるためにも、事前に保
護者から家庭での睡眠の様子や部
屋の環境などについて確認してお
くといいでしょう。それを参考に
しながら、人員配置や環境づくり
など、その子に合った対応策をとっ
ていきましょう。

園での睡眠で 保護者に伝えたいこと

●園での睡眠リズム
●睡眠時の様子やくせ
（うつぶせになる、指をしゃぶる、
寝つきが悪いなど）
●入眠儀式や、寝かしつけで、その
子どもに合っていること
●あまり寝なかった、起きて泣き出
したなど、いつもと違うときの様子
など

食事

排せつ

睡眠

着脱

清潔

6か月〜
1歳3か月未満頃の睡眠

この時期の睡眠

　脳の発達とともに睡眠のリズムが整ってきます。午睡の時間もまとまってきて、回数も減ってきます。起きている時間が長くなってくると、睡眠のほか、遊びや食事などの時間が決まってリズムが整ってくるので、生活にメリハリが出てきます。

基本

1歳頃までには
昼寝が1回に

　これまで寝る回数や時間が多かった子も、午睡は午前1回、午後1回にほぼ安定してきます。1歳を過ぎる頃には、午前中は寝ずに、午後1回になる子も出てきます。

　午睡が決まってきたら、授乳や食事、遊びなどの時間もほぼ一定にしてリズムをつくりましょう。十分に飲み、食べ、そして体を使って元気に遊んで、園での一日を充実させていきましょう。

ベビーベッドから
みんなで午睡へ

　睡眠時間が決まってきたら、みんなで布団の上に寝かせるようにしましょう。布団は折りたたんで置き、「○○ちゃんのお布団はここね」と自分の場所がわかるように伝えるといいでしょう。

　午睡の時間になったら、布団を広げて、上がけをかけ「おやすみなさい」と声をかけてそばで見守ります。

　室温、湿度、換気、採光などに気をつけ、子どもに異変がないか5～10分程度おきにチェックします。

眠れない子には
環境を整えて

　なかなか寝つけない場合、0歳児であれば、寝つくまで抱っこやおんぶ、ラックなどにし、入眠したあとに布団に移動します。

　1歳になると、まわりの状況がわかるようになり、不安を感じて寝つけないこともあります。その場合、そっと肩に手を添えるなど、なるべく自然に眠れる方法で対応します。

　寝つきには個人差があります。それぞれのくせを認めて、安心して眠れることが大切です。落ち着いて眠れるよう、明るさや音などの環境にも気を配りましょう。

生活リズムを
連絡し合って

　生活リズムは家庭との連携によって整っていくもの。「昨日は夜中に何度も起きた」「朝起きた時間がいつもより早かった」「園でほとんど寝つけなかった」など、園と家庭とで子どもの睡眠の様子を報告し合うことが大切です。

　園で眠れなかった日は、家庭で早めに寝かせてもらうなど、家庭と園がそれぞれを補っていくことで、子どもが十分な睡眠を確保できるようにしましょう。

食事

排せつ

睡眠

着脱

清潔

1歳3か月〜 3歳未満頃の睡眠

この時期の睡眠

1歳児も夜中の授乳がなくなってくると、朝までぐっすり眠れるようになります。それにともなって園での午睡も午後の1回にまとまってきます。午睡の習慣もわかってきて、時間になると自分から布団に入る子も出てきます。

基本

子どもひとりひとりに合わせた対応を

起きている間は、子どもの興味を広げながら、体を使って十分に遊ばせましょう。食事や授乳時間もほぼ一定にして、体も心も満足して眠るというリズムをつくりましょう。

ただし、寝つきのよしあしや睡眠時間には個人差があります。その子の睡眠の個性に合わせて環境を整えたり、その日の体調に合わせて、午前寝や夕寝をさせるなど、柔軟に対応しましょう。

ゆったりした睡眠の環境を整える

　冬場は毛布や布団、夏場はタオルケットとタオルを用意して、室温や湿度によってかけ替えていくようにしましょう。

　起きたら背中に手を入れるなどして汗の状態をチェックし、必要であれば着替えさせましょう。おむつがはずれている子は、起きたタイミングでトイレに誘うといいでしょう。

「おやすみなさい」と布団をかけてあげる

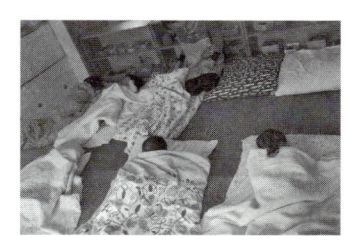

子どもが「今は寝る時間」であることを理解でき、保育者に見守られている安心感を持てるでしょう。

家庭との連携

連絡帳などを活用して家庭と園で子どもの様子を確認

　家庭と園で子どもの生活時間や様子についての情報を連絡帳などを使って共有しましょう。そうすれば、園で午前寝を入れたり、家庭で早めに寝かせてもらうなど、調整することができます。

　夜ぐっすりと眠ることは子どもの健康や成長に欠かせません。家庭でもほぼ決まった時間に寝られるように、睡眠の大切さを伝えていくようにしましょう。

家庭と園で睡眠時間を連絡帳で共有

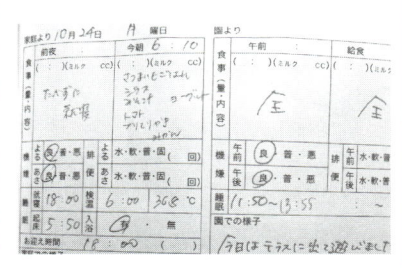

連絡帳に家庭と園、それぞれの就寝・起床時間を記入して情報を共有します。

睡眠

3〜4歳頃の睡眠

この時期の睡眠

　体力がついてきて午睡が少なくても、一日中元気に過ごせる子、午睡が長時間必要な子とさらに個人差が大きくなります。眠れない子には寄り添ったり、午睡が長すぎる子については原因を探り、解決策を見つけることが必要になってきます。

基 本

起きている子は
静かに過ごすなど休息を

　入園したばかりだと、家庭で午睡の習慣がなかったり、集団で眠ることに抵抗を示す子もいます。その場合は、保育者がそばに寄り添ったり、絵本を読んだりして体を休ませましょう。

　午睡が不要だったり、眠りたくない子は、無理に寝かせる必要はありませんが、騒がずに、絵本やぬり絵などをしながら静かに過ごして、休息をとることを伝えましょう。

自分たちで午睡の準備を整える

4歳頃になったら、自分でタオルケットやかけ布団を準備できるようになるので、午睡の時間になったら促していきましょう。

また起きるときは、カーテンを開けたり着替えの支度をしている物音や雰囲気で自然に目が覚めるようにします。声をかける場合もやさしく声をかけ、機嫌よく起きられるようにしましょう。

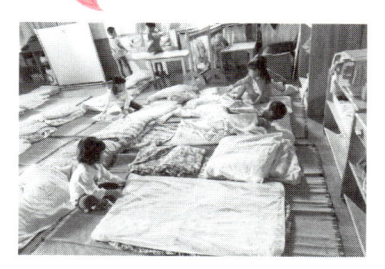

園の実践アイデア　布団は自分で準備

あらかじめしき布団の中にシーツとかけ布団をセットしておき、午睡の時間になったら子どもたちが自分で広げます。

  家庭との連携

夜にしっかり眠るために家庭の環境の見直しを伝える

睡眠が十分でない様子が見られたら、保護者と個別に話し合って、原因を探りましょう。

例えば、夜遅くまでテレビを見る、ゲームをしている、夜遅くに帰宅した父親とふれあう、入浴や夕食の時間が遅いなどが考えられます。思い当たることがあったら、具体的な対応策を提案しながら、改善していくことができるよう一緒に考えていきます。

保護者に伝えたい夜早く寝るヒント

- □ 毎朝、決まった時間に起こす
- □ なるべく21時までには寝る
- □ 親子で一緒に布団に入る
- □ 夜遅くまでテレビやゲームをしないようにする
- □ 寝る30分〜1時間前までに入浴をすませる
- □ 寝る前は興奮する遊びは避けて、静かに過ごす

食事

排せつ

睡眠

着脱

清潔

5歳頃の睡眠

この時期の睡眠

前日寝不足だったり、午前中の活動が激しかったりすると眠い日もありますが、基本的に午睡しなくても元気に過ごせるようになってきます。保育者はこれから就学に向けて、午睡をしない生活に移行するようにサポートしていきましょう。

基本

体を休める大切さを理解できるように

成長とともに午睡を必要としない子が増えてきます。休息の重要性を理解するようになり、眠くないときは自分の体を休めるために自ら静かに過ごすことができるようになります。

小学校では午後も授業があります。入学に向け、冬までには午睡をしないことを習慣にして、日中は元気に活動して、夜はぐっすり眠るというリズムを作っておきましょう。

静かにゆっくりしようね

だんだんと午睡をしない生活環境に

「小学校に行ったら、お昼寝はないから練習しておこうね」など、午睡をなくしていくことを子どもたちにきちんと伝えましょう。

現在午睡をしている子は、週1日午睡をしない日をもうける、10分午睡の時間を早く切り上げるなど、じょじょにやめていくと無理がないでしょう。

午睡をなくすことで、子どもたちにも「小学生になる」という自覚がめばえてくるでしょう。

就学に向けて早寝早起きを習慣に

小学校での生活に向け、早寝早起きの習慣を園児のうちから身につけていくことが大切です。実際に小学校入学後も遅寝遅起きの習慣があり、午前中イライラしたりボーッとしている子が少なくないようです。

元気に小学校生活を過ごすためにも、家庭での夜の過ごし方を見直してもらうなど、家庭と連携して、準備しましょう。

園の実践アイデア

昼食後は休息や手伝いの時間に

1月からは午睡はせずに、食後に静かな遊びをして休息をとったり、小さい子どもたちの午睡の準備のお手伝いをしてもらいます。

家庭との連携

午睡をやめるときは保護者に連絡を

午睡をやめるときは、理由と時期を保護者に伝えて、理解を得ることが大切です。

午睡をしなくなると、夜、眠くなる時間が早くなります。子どもがちょうど眠くなったタイミングで布団に入り、心地よく寝つけるように、家庭での夜の過ごし方や段取りを保護者と一緒に考えていきましょう。

睡眠に関する　おたより文例集

ぐっすりお昼寝タイム

入園したばかりの頃は、みんなと一緒にお昼寝するのが苦手で、泣いたり、遊び続けていたりした○○ちゃん。今ではお友達と並んで、お昼寝できるようになりました。少しずつ、園生活に慣れてきたようです。

たっぷり眠って夏を元気に

毎日、暑い日が続いています。熱中症や夏バテ対策には十分な水分補給はもちろん、適度な休息や睡眠をとることも大切です。しっかり水分をとって、たくさん食べて、たっぷり眠って、健康な体でこの夏を乗りきりましょう！

きちんと眠れていますか？

しっかり睡眠をとることは、脳の発達にもつながるといわれています。また、「成長ホルモン」は睡眠中にたくさん分泌されるため、子どもの健やかな成長にも大切です。早寝早起きの習慣をぜひ身につけましょう。

うつぶせ寝のときは呼吸に注意

乳児期に気をつけたいのが、「うつぶせ寝」。園では午睡のときには、こまめに呼吸しているかチェックをしています。ご家庭でも、乳児期には寝ている時にも注意していきましょう。

睡眠時間を確保できるよう
生活の見直しを

テレビや遊びに夢中で、夜ふかしをしている子が増えているようです。夜ふかしをすると、翌日に頭がぼーっとしていまい、活発に動けなくなってしまいます。子どもの健康のために、しっかりと睡眠時間を確保するようにしましょう。

お気に入りの
タオルが手放せないときは

初めのうちは、お家で使っているお気に入りのタオルがないと眠れない…という子もいます。そんなときは無理に取り上げたりせず、子どもが必要としなくなるのを見守りましょう。そのうち自然と、タオルがなくても眠れるようになります。

PART 4

着脱の 生活習慣

着脱は、細かな手指の動きができるなど、身体的な発達と
「暑い・寒い」「ちゃんと服を着ていないと恥ずかしい」
「自分できちんとしたい」と感じる認知や思考などの
心の発達の両方が必要な生活習慣です。
体と心、両方を園でもサポートしていきましょう。

年齢別

知っておきたい

着脱は、毎日繰り返しながら、少しずつステップアッ
タイミングをとらえて、保育者がていねいにサポートし

0歳児

着脱の心地よさを伝えて

快・不快の感覚はわかるので、言葉の意味は理解できなくても、着替えることの気持ちよさを「さっぱりしたね」などと言葉で伝えていきましょう。この言葉がけで、そのうち自分で「こういうときは着替えるんだ」とわかるようになっていきます。

さっぱりしようね

協力動作をするように

1歳近くなると、「バンザーイ」と保育者が言葉をかけると、両手を上に上げるなど、着脱の一部に協力するようになります。じょじょに声をかけなくても自分からするように。

1～2歳児

自分で着替えたがるように

自我がめばえ、何でも自分でやりたがるようになります。家族や年長児の着替えをまねしたがります。手指の機能の発達が追いつかないためにうまくできず、かんしゃくを起こすこともあります。

やりたい気持ちを尊重して

保育者は子どものやりたい気持ちを尊重して、なるべく子どもが自分でできるよう、援助していきましょう。がんばったときはたくさんほめ、「できた」と満足感を味わわせることが大切です。

できたね！

着脱の生活習慣

プしていくもの。自我がめばえ、自分でやりたがるようになった
ていけば、どんどん上手になっていきます。

3～4歳児

できることが増えます

　手先が器用になってきて、自分でできることが増えてきます。保育者に教えてもらった服の前後や表裏なども理解し、正しく着脱できることが多いですが、靴の左右など場面によってまだ間違えることもあります。

成功体験を積み重ねて

　「自分でできた」という体験を積み重ねながら、自信をつけていく時期。これまでできなかったことも毎日繰り返すうちにできるようになります。保育者はひとりひとり、苦手な部分をていねいにサポートしていきます。

5歳児

一連の動作ができるように

　服を取り出して着たり、脱いだ服を所定の場所に戻すという一連の動作ができるようになります。ただ気持ちがあせると、着替え方や衣服の扱いが乱雑になることもあり、保育者の言葉がけが必要なこともあります。

着脱のタイミングを伝えて

　着脱するだけではなく、一歩進んで、寒いから上着を重ねる、汗をかいたから着替えるなど、気温や自分の状態によって着脱を判断できるように。保育者は、適宜声をかけて、着脱のタイミングを伝えましょう。

６か月未満頃の着脱

この時期の着脱

保育者がすべて着替えさせる時期ですが、清潔の気持ちよさを雰囲気や声かけで伝えていくことが大切です。おむつ替えはもちろん、汗やよだれ、ミルク、食べ物などで体や服が汚れたら、こまめに着替えさせましょう。

基本

着替えさせるときは 言葉を添えてスキンシップ

０歳でも快・不快の感覚はわかります。言葉が理解できないからといって、保育者が無言でパパッと着替えさせるのではなく「いっぱい汗かいたね〜。お着替えしてさっぱりしようね」「おむつがきれいになって、気持ちいいね〜」など、着替えなどで体を清潔にすることの気持ちよさを、言葉にして伝えていきましょう。

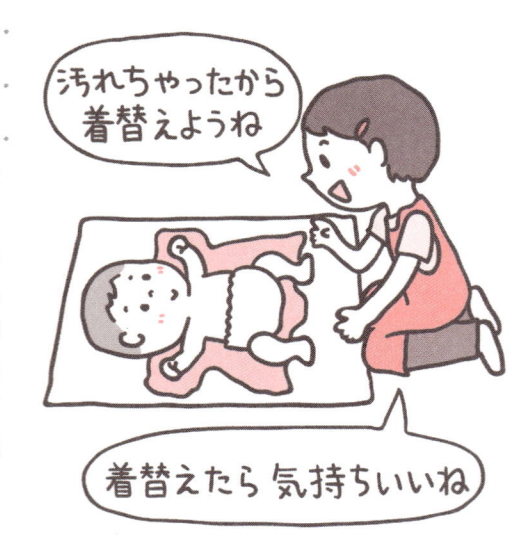

汚れちゃったから
着替えようね

着替えたら 気持ちいいね

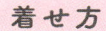

乳児の脱ぎ着のさせ方

脱がせ方	着せ方

袖口を持ち、ひじを曲げたまま軽く押さえて、袖をすっと抜く。

袖口を広げ、たぐりよせて、子どものひじを迎えにいくように袖を通す。

少しずつ袖を動かして子どもの腕全体を通す。反対側も同じようにして着せる。

着脱するときは脱臼に注意

　子どもは肩や股関節を脱臼しやすいので、注意が必要です。子どもを抱くときは、頭から上げ、下ろすときは足からゆっくりと。

　着替えのときは、子どもの手を引っ張って通すのではなく、軽く腕を押さえて服のほうを動かします。足も引っ張り上げず、お尻の下に手を入れて、腰を持ち上げましょう。

着替えは同じ場で楽しく言葉がけしながら

　着替えはなるべく同じ場や手順で行いましょう。そうすることで、子どもが「これから着替える」ということがわかり、着替えを受け入れやすくなります。

　着替えるときは「ぬれちゃって冷たいね〜」「○○ちゃんのおてて出てこ〜い」など、子どもの気持ちを代弁したり、着替えが楽しくなる言葉がけをしましょう。

6か月〜1歳3か月未満頃の着脱

この時期の着脱

6か月頃には一日の生活リズムが整ってきます。着替えもこれらの生活の節目に合わせると、子どもも抵抗なく、着替えの習慣ができやすくなります。着替えのタイミングは、汗や汚れがつきやすい午睡、食事、遊びのあとが適切です。

基本

自分から手足を動かし着替えに協力するように

言葉の理解が進んできたことや体の成長、また保育者の言葉がけで、子どもの中に着替えのイメージができてきます。

例えば「お洋服を脱ぐからバンザイしてね」と言うとその通りにするなど、保育者の言葉がけによって自ら手足を動かせるように。着替えに協力するようになったということは、着替えの自立に向かい始めたサインです。

頭を下げてくれたからすぐ脱げるね！

着替えのかごに
子どもの顔写真を貼る

衣類を整理したかごに子どもの写真を貼って「○○ちゃんのお洋服はここよ」と伝えておくと、子どもが自分で服を取りに行こうとします。

声かけで一緒に
着替えをしている感覚に

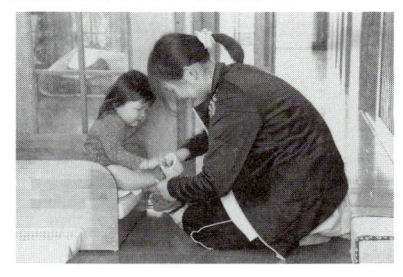

保育者の言葉に合わせて子どもが手足を動かすことで、"自分で着替えている"感覚を持てます。協力してくれたら、「ありがとう」と声をかけましょう。

発達を見ながら
着替え方の援助を変える

　この頃は、はいはい、お座り、立っちと子どもの運動機能が大きく発達します。着替え方も、それに合わせて無理がない体勢で行いましょう。

　動き回るはいはいの頃は、つなぎタイプの服は不適切です。上下分かれた服を着せ、時間をかけずにさっと着替えさせましょう。お座りから立てるようになる頃は保育者のひざに座らせ、後ろから援助します。この頃になると、ズボンは、子どもを立たせて一緒に引き上げることができます。

 家庭との連携

動きやすい服を多めに
用意してもらいましょう

　ロンパースなどのつなぎの服は、寝返りやはいはいの動きの妨げになるので、この時期には向きません。また汗をかきやすかったり、沐浴（もくよく）などで着替える回数が多い時期は、上下別々の服で過ごせるよう、枚数も多めに家庭に準備をお願いしましょう。また保育者は着替えのたびに子どもの肌をチェックしましょう。あせもなどの皮膚トラブルに気づいたら、家庭と情報を共有します。

1歳3か月〜 2歳未満頃の着脱

この時期の着脱

　まわりの世界への興味が広がってきて、遊び感覚で着替えに興味を持つようになります。実際にはまだ自分で着替えることはできませんが、"着替えたつもり"になって満足します。そのやる気が着替えの自立への原動力になります。

基本

子どものやる気を満たす工夫を

　「自分で着替えたい」という意欲を尊重して、子どもが自分で着脱しやすいように工夫しましょう。

　ズボンをはきやすいように低いイスを用意する、子どもが着やすい向きに服を広げて置く、2つの服を用意して子どもに選ばせるなどもいいでしょう。家庭にもなるべく簡単に着られるデザインの服を持ってきてもらうようにお願いしましょう。

次の見通しが立つよう
いつも同じ手順で

　毎日行う着脱は、繰り返し同じ手順で行うようにします。そのうち、子どもが自分でできる部分が増えていきます。同じ手順を踏んでいれば、先の見通しがつくようになるので、やる気もアップします。着替える場所から片づけ、取り出しがすぐにできるようにするなど、動線をわかりやすくします。

　ただし、強制はしないで、子どもの自主性にまかせます。たとえうまく着替えられられなくても、がんばったことをたくさんほめてあげましょう。

お役立ち
アドバイス

脱いだ服は自分で所定の場所に運ぶ

脱いだ服は、所定の場所に自分で持っていくように伝えます。脱いだら新しい服を着るとわかってきます。

園の
実践アイデア

たたんでいるところを見せる

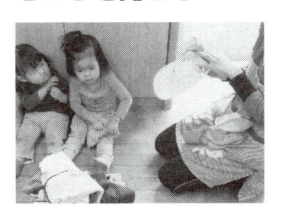

自分で服をたためるようになるのはまだ先ですが、この年齢から保育者の姿を見せて脱いだ後はたたむというイメージづくりをします。

自分でできることはさせてみる

この年齢では靴下の着脱は難しいもの。まずは、かかとまで保育者が脱がせてあげ、その先を自分で脱ぐことから始めましょう。

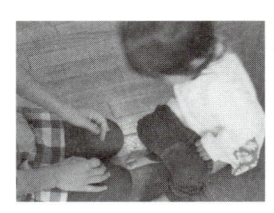

ズボンを自分で上げさせてみましょう。おしりの下で止まることが多いので、その先は保育者が行い、直してあげます。

食事

排せつ

睡眠

着脱

清潔

2歳頃の着脱

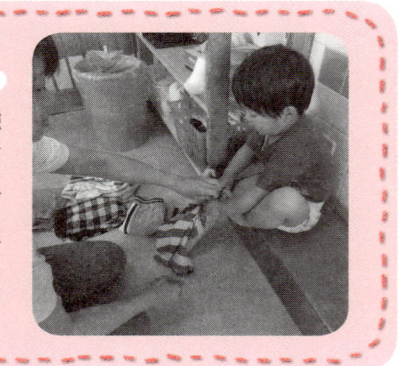

この時期の着脱

　自分でやりたいと思う気持ちがより強くなります。手指の機能も発達してきて自分から着脱に挑戦しようとします。その一方で甘えたい気持ちもあり、まったく自分でしようとしないときもあるなど、行きつ戻りつする時期です。

基本

保育者はそばで見守り、必要なときに手伝いを

　子どものやりたい気持ちを大切にして、そばで見守り、必要になったときに手伝ってあげます。うまくできずにかんしゃくを起こすこともありますが、そんなときは「先生がお手伝いしてもいい？」と子どもに確認してから手伝いましょう。

　子どもが興味を持ったら、大きめのスナップやボタンの練習を始めてもいいでしょう。

できなーい

一緒に
やろうね

繰り返し同じ手順で。
やりたがらないときは無理をしない

　毎日同じ手順で着替えを繰り返していきましょう。子どもはその日の体調や気分でやりたがらなかったり、保育者に甘えてやってもらいたがることがあります。その場合は、無理強いせずに「今日は先生が手伝ってあげるね」と保育者がサポートしてあげましょう。自分でがんばっているときは、引っかかっているところだけ、さりげなく援助します。

ぬいぐるみの 服の着替えごっこ

ぬいぐるみに上着とズボンを脱ぎ着させて、遊びながら着替えのイメージづくりを。

ズボンのはき方を覚えよう

① ウエストゴムを持ち、前後を確かめる。

② ウエストゴムを引っ張りながら、片足ずつ入れる。

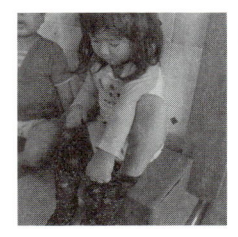

③ 足を曲げたり伸ばしたりしながらはく。

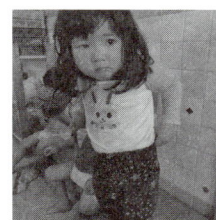

④ 手を後ろに回して、服の後ろの部分を入れる。

食事

排せつ

睡眠

着脱

清潔

遊び感覚で
ボタンかけの練習を

　手先の動きがスムーズになってきたら、ボタンかけの練習をしましょう。遊びにボタンかけを取り入れたり、最初はボタンが大きな服で練習したりするとよいでしょう。

　まず保育者との共同作業でボタンをかけ、慣れたら子どもひとりで行ってみます。「ボタンがトンネルを通りま〜す！ ほら、出てきたね。こんにちは！」など、楽しい言葉がけで意欲を引き出すのがコツです。

Point

ボタンかけの練習

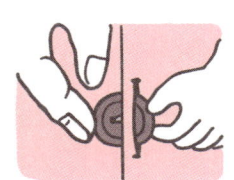

① まず保育者が途中まで穴にボタンを入れて、その先を子どもに引っ張らせる。

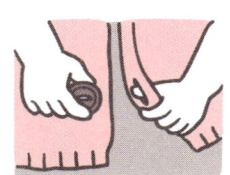

② 子どもが片手でボタンをつまみ、もう片方の手の親指を穴に入れてボタンを通し、反対側の手の親指とひとさし指でつまみ出す。

園の実践アイデア

遊びにスナップやボタンかけを取り入れて

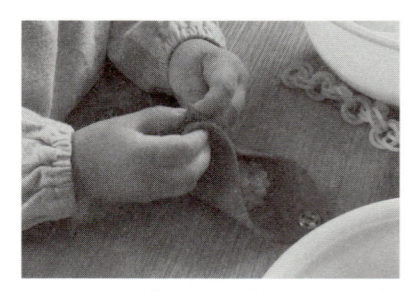

フェルトの四隅にスナップを縫いつけます。中におはじきなど小さな物を入れてスナップを留めておはじきをすっぽり包むなどして遊びます。

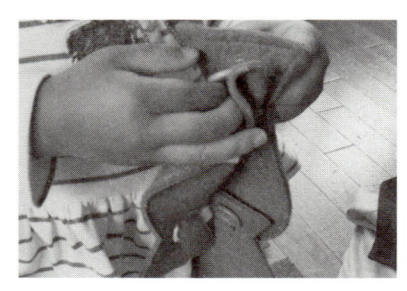

フェルトを魚の形に切って、魚の目の部分にボタンをつけ、尾の部分に穴をあけます。ボタンをかけて魚がつながるのが楽しい遊びです。

上着のたたみ方の一例

① 自分の前にすそを手前にして服を置く。

② 片方ずつ、袖を内側にたたむ。

半分にして―また半分

③ すそを上に折り返したら、さらに半分にたたむ。

家庭との連携

着脱しやすく サイズが合った靴を用意

　靴を自分ではくこともできるようになってきます。保護者に子どもが自分で着脱しやすい靴を用意してもらうよう伝えましょう。

　選ぶポイントは、足の動きを妨げず、足を包むようにデザインされているもの。足を入れる部分が大きく開き、甲を押さえてくれるストラップがついているものなどで、そのときどきのサイズにぴったり合っていることが大事です。

甲を押さえ、調節がきくストラップタイプ。

サイズが合っている。

大きく開いて足を入れやすい。

つま先に余裕があり、指の動きを妨げない。

足をスポッと入れられる持ち手つき。

3歳頃の着脱

この時期の着脱

できることが増えて「できる自分」に自信を持つようになります。保育者が言葉をかけるだけで手を出さなくても、自分で着替えることができます。これから大人の着替えに近づけていくために、さらにステップアップしていきましょう。

基本

自信を持たせる言葉がけをして

ひとりで着替えられることが増えてきますが、保育者は「3歳なんだから、できるはず」と過大評価して「早く」と急かすことや、安易に子ども同士競争させるなどは避けましょう。

過度にほめそやす必要はありませんが、子どもができたことに満足している様子のときは「全部できたね」「ずいぶん上手になったね」と適宜言葉をかけると自信を持てるでしょう。

「脱ぐ」「しまう」「着る」の一連の動作をひとりで

脱ぎ着がスムーズになってきたら、脱いだ服をたたんで、所定の位置に片づけ、そこから取り出してまた着るといった一連の動作を伝え、自立を促していきます。

服を片づける場所や着替える場所は、ロッカーの前に着替えるためのイス（台）を置いておくなど、スムーズに子どもが動けるように環境を工夫しましょう。

トイレのあとの着脱ができるようになる

排せつとも関わりがありますが、トイレの前後の着脱がスムーズにいくように援助します。

パンツ、ズボンの上げ下ろしや、セーターをまくるなどを「こうするとうまくいくよ」と言葉がけしながら、アドバイスしましょう。最初はトイレの近くにイスを置き、そこで脱いでいてもいいでしょう。

トイレでスリッパを使っている園は、スリッパの着脱や、使用後にそろえることも伝えます。

ボタン、スナップ、ファスナーなど細かい動きも上達

ボタン、スナップに続き、ファスナーも練習しましょう。ファスナーは、留め始めの留め方と、布をかまないように、スライダーを動かすのがコツ。最初は保育者が手を添えて練習し、感覚を覚えたら、自分でやらせてみましょう。

全身のバランス感覚が育ってきているので、そろそろ立ってズボンをはく練習も始められます。

よいしょっと

脱いだ服は片づけるよう援助

脱いだ服を所定の場所に片づけるという着替えの最後のステップです。
一連の流れを決めて、同じ手順を毎日繰り返しましょう。

① 汚れた服を入れるビニール袋を取り出す。

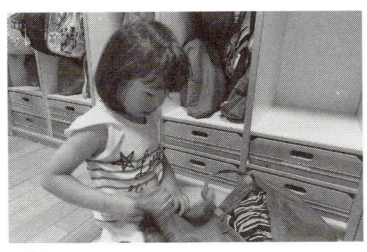

② 自分のバッグから着替えの服を出す。

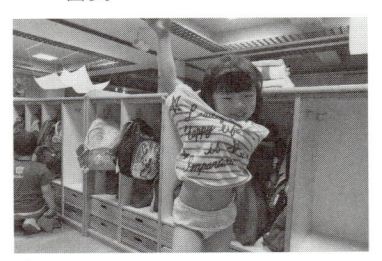

③ 汚れた服を脱ぐ。

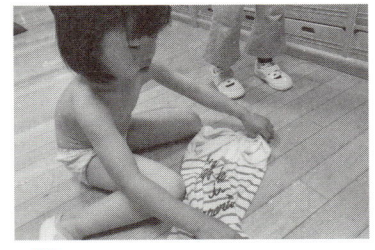

④ 汚れた服をたたむ。

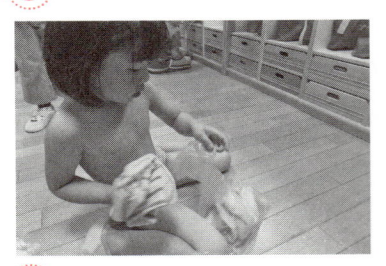

⑤ 汚れた服をビニール袋の中に入れる。

⑥ 新しい服を着て、汚れた服を汚れもの用のバッグにしまう。

ファスナーの留め方を伝える

① 子どもの正面に座り、ファスナーのスライド部分を見せる。

② 子どもの後ろに回って手を添えて、ファスナーをかみ合わせる。

③ 子どもの手に自分の手を添え、一緒にファスナーを上げる。

着脱の不安でイライラしたら見守っていることを伝える

　かぶるタイプの上着などは、頭を抜くときに暗くなるのを怖がる子どももいます。

　すぐそばで見守っていることがわかるように、「お洋服のトンネル、もうすぐだよー。待ってるよー」と楽しい言葉がけをして、不安を取り除いてあげるといいでしょう。

　着脱がうまくできずイライラしている子には「ゆっくりやってみよう。いつもこっちからやるよね」と、いつもの手順を思い出させて、見守ります。

お役立ちアドバイス

手順を決めて見通しを立てやすく

こっちからー

　服、靴下、靴の着脱を覚えるには、順番を決めて毎回繰り返すのが基本です。「左から」などと決めておくと混乱がないでしょう。左利きでやりづらい場合はこの通りでなくてかまいません。

食事

排せつ

睡眠

着脱

清潔

着脱

4歳頃の着脱

この時期の着脱

　目で見て、自分の思い通りに手を動かすといった目と手の協応性が完成し、手首や指先を器用に動かした動作もスムーズになってきます。着替えも上手になり、保育者が手伝わなくても、ほとんどひとりで着替えられるようになります。

基　本

片づけまでやり通せるよう根気よくサポートを

裏返しだよ

　ひと通り自分で着替えられるようになったら、服の前後、表裏、靴の左右など細かい部分を見てあげましょう。自分で直すことができるよう、保育者は方法を伝えましょう。

　脱いだ服をたたんで汚れものの袋に入れてしまうといった、着替えの最後の段階までやり通す大切さを伝え、子どものやる気をキープしながら、根気よくサポートしていきましょう。

「自分でできる」を大切に
ていねいに見守る

４歳児はこれまでの成功体験から「自分はできる」という自信を持っています。保育者が表裏や靴の左右を間違っていることに気づいたからといって、すぐに指摘すると子どもの自尊心を傷つけてしまうこともあります。

保育者は、本人が間違いに気づくまで見守りましょう。気づかない場合は裏返しや後ろ前などは、タグを目印にさせるなどして、「何かおかしくない？」と注意を促し、自分で確認させるようにしましょう。

細かい部分を言葉がけで
気づかせたり援助していく

上着のはみ出しやボタンのかけ忘れなど着脱に関することのほか、鼻水、食後の顔の汚れ、食べこぼし、頭髪の乱れなどの身だしなみにも自分で気をつけていくよう伝えていきましょう。

最初は「何かついてるよ」などと意識を向けさせて、子どもが自分で直すのを見守るのが基本ですが、自分でできないところは「先生がお手伝いしてもいい？」と確認してから、手伝ってあげたり、コツを伝えるようにしましょう。

Point

裏返しの直し方を覚える

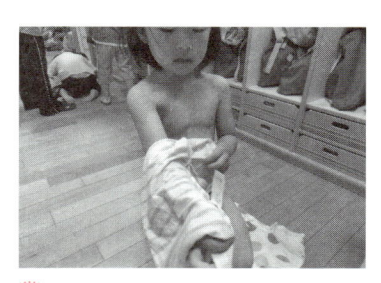

1 裏返しになった服の中に手を入れて端を握る。

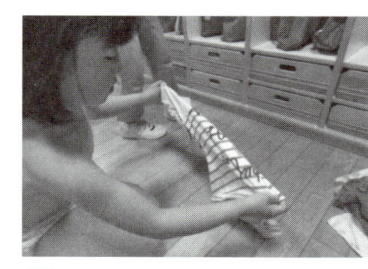

2 握ったところを外に引っ張り出して、表側にする。

自分の衣類は
自分で片づけるようになる

　衣類や靴などを自分で片づけられるようになるために、ロッカーやかご、靴箱などすべてに子どもそれぞれのマークシールを貼りましょう。名前のひらがなが読めるようになったら、名前シールに変えます。

　子どもが服や靴を片づけ忘れていたら、保育者は「あれれ？　ズボンはどうするんだっけ？」など、そのつど片づけを促す言葉がけをして、習慣づけていきましょう。汚れた衣類と新しい衣類を置く場所も、それぞれ決めておきます。

寒暖や状況に合わせて
着替えをすることに気づく

　暑さや寒さ、外遊びの前後など、状況によって適宜声をかけて、子どもに脱ぎ着のタイミングを伝えていきましょう。ただし保育者の指示に従うのではなく、あくまでも子どもが自分の感覚で気づき、それに合わせて脱ぎ着できるようにしていくことが大切です。

　子どもは大人よりも体温が高く、よく汗をかきます。厚着をさせると汗が冷えるときに体も冷えてしまいます。なるべく薄着を心がけましょう。

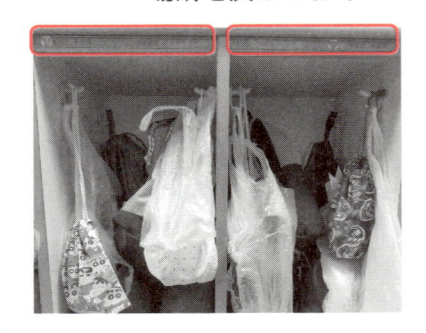

園の実践アイデア

汚れ物を入れる場所を決めておく

ロッカー内で汚れ物を入れるビニール袋の位置を決めます。自分の名前やマークのシールが貼ってあるので、自分の片づけ場所へ直行。

お外で遊んだら暑くない？

脱ぐー

Point

ズボンを立ってはくステップ

保育者が援助して	壁に寄りかかって	バランスをとって

慣れないうちは、保育者の肩につかまって、はかせてもらい立ってはく感覚をつかむ。

壁で体を支えてバランスをとりながら、片方ずつズボンに足を入れる。

支えなしではく。バランスを崩したときにすぐに支えられるよう保育者はそばで見守る。

家庭との連携

家庭でも着替えや片づけを自分で行えるように

園では自分で着替えていても、家庭で保護者が全部やってしまっては、子どもも混乱します。

忙しい保護者はつい手を出しがちですが、なるべく時間に余裕を持って自分で着替えたり、片づけたりする様子を見守ってもらうようにしましょう。バッグや帽子、服、靴などを片づける子ども専用の場所があると、子どもも意欲的に行えることを伝えてみましょう。

自分のことを自分でできると大きな自信につながる

まずは家庭でも、子ども自身が、進んでやろうとしているかを保護者に聞きます。

自分のことが自分でできるようになると、大きな自信になります。この自信が子どもの成長には絶対に必要なので、その意義を保護者にもわかりやすく伝えましょう。

できなくても「がんばってね」と励まし、できたときにはおおいにほめることも伝えます。

5歳頃の着脱

この時期の着脱

着替えから片づけまで自分でできるようになります。保育者の言葉がけで身だしなみにも配慮できるようになり、着替えの自立がほぼ完成します。気持ちに余裕が出てきて、年下の子の着替えの手伝いをする姿も見られます。

基本

子ども自身の気づきを待ってから言葉をかけて

服のはみ出しや頭髪の整え方、リボン結びの方法など細かい部分を伝えていきます。寒いから上着を着る、汚れたから着替えるなど、気温や状態によって衣服の調節をしたり、着替えたりすることも促していきましょう。

保育者は気づいたときにすぐに声をかけるのではなく、子どもを見守り、本人の気づきを待った上で、必要に応じて言葉をかけることが大切です。

出てるよ

衣服の調節を自分でできるようになる

「汗をかいたから着替える」「寒いから上着を着よう」など、自分の判断で衣服の調節をできるようになります。

重ね着したり、1枚脱いだりという判断も子ども自身でできるようになります。その一方で、汚れていても着替えないような子も出てきます。保育者は、身だしなみ、マナーの大切さを伝えていきましょう。

人に不快感を与えないマナーを伝えて

「汚いかっこうしてたら、見てる人もいやだよね」「ちゃんとしていたら、かっこいいよ。自分だけじゃなくてほかの人が見ても気持ちいいんだよ」とマナーの意義を伝えましょう。自分で鏡を見て確認することも大事です。

着脱の必要性、身だしなみの大切さを理解し、次にやることも意識しながら、見通しを立てさせます。

Point

重ね着のやり方を覚える

① 着ている服の袖が上着と一緒に巻き上がらないように、袖口をしっかりつかむように伝える。

② 着ている服の袖口を離さないようにしっかりつかみ、上着の袖に腕を通す。

頭髪の長い子は
家庭での配慮をお願いする

　身だしなみとして、髪の毛が活動のじゃまになったり、食べ物の中に入ったりしないように配慮することも家庭と連携します。

　特に頭髪が長い子の場合、髪の毛が食べ物に入らないよう、衛生面を考えて、基本的には家庭で髪をまとめたり結んだりしてもらいます。

　園で髪を整えるのは、午睡明けなど決まったときだけに行うものとし、不必要に髪を触るなどしないようにします。

自立を見守りながら
ていねいさを伝えて

　服のはみ出しやボタンのかけ違いを直す、リボン結びができるようになるなど、細かい動きもできるようになります。また、友だち同士指摘し合ったり、直し合ったりすることも見受けられます。

　着替えの自立が進んでくるので、よけいに雑になったり、友だちとの競争で早くすませたがったりしますが、保育者は、ていねいに着替えることの大切さもあわせて伝えていきましょう。

園の実践アイデア

イベントのときも
着替えは自分たちで

イベントや発表会などのときも、自分の衣装を自分で着替えたり、友だちの着替えを手伝ったり。イベントのお着替えタイムもやる気を促します。

リボン結びのやり方を伝える

保育者が子どもの後ろに回り、子どもの手を取って一緒にやってみましょう。

①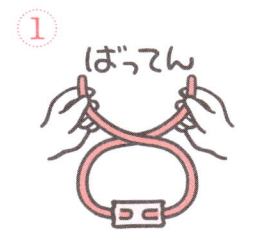

ばってん

「ばってんにしてね」と2本のひもを交差させる。

②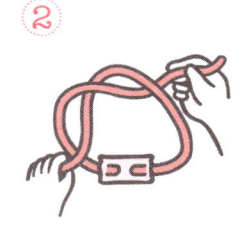

片方のひもにもう片方のひもをかける。

③ 引っ張るよ

「ピッ！」と声をかけながら、両方のひもを外側に向かって引っ張る。

④ 輪っかを通して

左右のひもでそれぞれ輪を作る。右の輪を左の輪にかけ、さらに右のひもを手前から後ろに通す。

⑤

リボンの形になるようにし、左右の輪のバランスを整えて完成。

 家庭との連携

家庭でもリボン結びを取り入れた遊びを

　家庭でも保護者とエプロンのひもをお互いに結びっこしたり、ぬいぐるみの飾りリボンを結んであげるなど、楽しくリボン結びを練習できる機会をつくってもらいましょう。

園児とかわす 一日のあいさつ

あいさつは、社会生活をするうえで大切な習慣です。保育者が率先して
見本を見せ、家庭でも意識してあいさつをかわすよう伝えましょう。

登園時
朝の会

「おはようございます」
一日の始まりです！ 登園時には保育者と保護者、子ども
たちみんなで、大きな声で。朝の会では、お友だち、保育
者そろってあいさつを。

日中

「こんにちは」
散歩中に会った人だけでなく、動物たちやお花にもあいさ
つしてみましょう。

午睡

「おやすみなさい」
布団に入る前に、あいさつを。園ではあいさつをしない場
合もあるので、家庭で寝る前には言うようにしましょう。

降園時

「さようなら」
笑顔で「また明日も会おうね」と、お友だちや保育者と手
を振ってあいさつを！

いつでも

「ありがとう」「ごめんなさい」
お友だちとけんかをしてしまったら、お互いに「ごめんな
さい」、何かしてもらったら「ありがとう」。子どもだけで
なく、保育者も意識して口にしましょう。

PART 5

清潔の生活習慣

手洗い、うがい、歯みがきなど「清潔」に関する生活習慣は、
子どもの健康を守るために大切なことです。
「きちんと片づける」ことも含めて、自分でできるように
保育者が援助していきましょう。

年齢別

知っておきたい

歯みがきや手洗いのような清潔の習慣づくりは、将来
具体的な手順とともに「きれいにすると気持ちがいい」

0歳児

お世話されて清潔を感じる

手や顔をふくなどの日常のケアで、清潔を喜ぶ感覚を育てる時期。この頃は清潔の意味を自分で理解することはできませんが、大人の働きかけで清潔と不潔の違いや、清潔の気持ちよさを感覚で覚えていきます。

気持ちいいねー

快と不快を言葉で伝えていく

「汗をかいてベタベタしちゃったね」「着替えてさっぱりしたね。よかったね」のように、清潔と不潔の感覚を言葉にして伝えましょう。すると感覚と言葉が結びついて、清潔は気持ちがいいと知っていきます。

1歳児

まねをして自分でやろうとする

足腰がしっかりして歩けるようになると、手や腕の動かし方もだんだん器用になってきます。周囲の大人や友だちの姿を見て、自分できれいにしようとするので、意欲を認めながら援助します。

片づけられたね!

手順をていねいに見せていく

手を洗うときは言葉を添えながら、一緒にやったり、保育者がやって見せたりしましょう。「鼻水が出てるね。鼻をかもうね」「きれいになったね。気持ちがいいね」のように、清潔にすることを言葉で伝えます。

清潔 の 生活習慣

にわたって病気を予防し健康を保つために大事なことです。
感覚が育つように働きかけていきましょう。

2 歳児

自分でやろうとする

できることが増えていき、園の生活の中で、手順が決まっていることは、自分ひとりでもやろうとします。細かい指の動きはまだおぼつかないので、保育者は見守りながら個々に合わせて援助することが大切。

気がつくように言葉をかける

食事の前には手を洗うというような手順が決まったことは、自ら行動することもありますが、鼻水などは気がつかないこともあります。「鼻水が出たね」「自分でふいてみる?」のように、言葉をかけて働きかけます。

3〜5 歳児

ひと通り身に着けていく

3歳はまだ援助が必要ですが、だんだんと手を洗う、片づけるといった生活の節目で行うことはひと通りできるようになります。「できて当然」ではなく、できたことを認めて言葉をかけるようにします。

意味を伝えて意識づける

年齢とともにものごとの理解が進みます。手順と同時に清潔の意味を意識できるように援助しましょう。むし歯予防のために歯みがきをするというように意識がめばえてくると、自ら取り組むことができます。

ひとりでみがけるよー

清潔 手洗い

0歳 ～ 1歳3か月未満頃

言葉をかけながら
きれいにふく

　自分で立てない月齢は、抱っこで手を洗うのは難しいので、授乳の前や食事の前後は、おしぼりで手をふきます。「おててをきれいにふこうね」と言葉をかけてから始めましょう。この頃は指を開くのは練習中なので、握った手をやさしく広げて指の間もきれいにします。同じタオルで口のまわりもふくときは、先に口のまわりをふき、タオルの別の面で手をふくようにします。

しっかり立てるようになったら
一緒に洗う

　安定して立つことができるようになったら、手洗い場で保育者と一緒に洗います。いつも「おててを洗おうね」と声をかけることも大切です。保育者が手首や指の間など、細かいところも声をかけながら洗い「きれいになったね」と喜びましょう。保育者と一緒に行う経験が習慣につながります。

手をふくときも言葉をかけながら

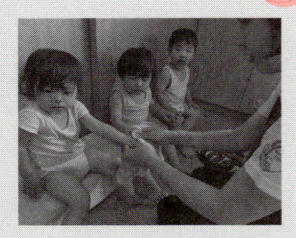

「お砂がついたね」「ふいてきれいにしよう」「指の間もふくよ」「ほら、きれいになったよ、気持ちがいいね」のように、心のこもった言葉をかけていくのが大事なポイントです。

〈洗い方を伝えて支える〉

一緒に洗おうね

しっかり立てるようになったら、洗い方を伝えながら、保育者が後ろから支えましょう。

1歳3か月〜2歳頃

一緒に洗って経験を重ねる

食事の前後や戸外の遊びのあとなどに、「手を洗おうね」と声をかけて手洗い場に誘います。長袖は服がぬれないように、言葉を添えながらまくり上げ、保育者が水道栓をひねって水を出し、一緒に手を洗います。

経験を積んでくると、言われなくても自分で手洗い場に行き、洗おうとするようになります。「手を洗うのね」と認め、そばでお手本を見せながら援助します。

手首を返せるようになったら水道栓をひねることができる

ひと通り自分で洗えるようになり、手首を返すことができるようになったら、水道栓の扱い方を伝えます。水道栓の調節や水流に興味をひかれて水遊びを始めてしまったら、穏やかに止めましょう。

もし遊び始めたら、この場では手洗いをすばやく切り上げるようにしましょう。

園の実践アイデア

横で一緒に手を動かす

子ども用洗い場の横に保育者が座り、声をかけながら、手を動かして手本を見せます。順番を待つ子どもも、そばで見ていて覚えることができます。

〈手洗いの順序〉

- 水道栓をひねって、水を出す
- 石けんをつけて、手のひらで泡立てる
- 左右の手のひら、手の甲、指の間、手首の順に洗う
- 水をすくって水道栓に水をかける
- 水道栓をひねって水を止める。手の水を切り、タオルでふく

水の勢いの調節や、水道栓に水をかけるのは保育者が援助します。固形石けん、液体石けんのどちらでも、使い方や置き方を保育者が伝えます。洗い方の順序を絵で掲示しておくと、よりわかりやすくなります。

2〜3歳頃

水を出して手をふくまで
ひと通りできるように

　食事の前後や外遊びのあとなど生活の中での手洗いをするタイミングもわかり、水道栓をひねって水を出し、石けんを泡立てて使うなど、ほぼ決まり通りにやろうとします。

　保育者はそばで見守りながら、水を出しすぎる、すすぎ方が足りないなど、気がついたところを援助します。「自分でできる」という意識が高まる年齢なので、「自分でできた」ことを認めていきます。

洗い残しがないように
チェックする

　手順を覚えてきたら、より確実に洗えるように援助していきましょう。そばで見守り、洗い残しはその場で一緒に洗います。タオルでふくときも、水分が残りやすい手首や指の間までふいているかを見守りましょう。

　洗う前に自分で袖をまくる、服に水がかからないように水の勢いを調節するなど、「できるようになった」ことも見逃さずに言葉にして認めましょう。

園の
実践アイデア

**3歳頃からは
固形石けんを使い始めて**

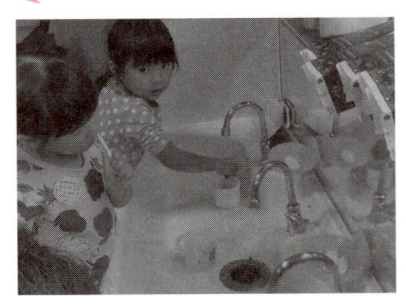

2歳頃までは、扱いやすい液体石けんが便利です。ただ肌荒れを起こす子どもや3歳以上では固形石けんを使います。固形石けんは泡立て方や置き方もきちんと伝えるようにします。

おてて見ーせて♪

ピカピカー

手洗いの必要性を
伝えていく

　4歳頃にはほとんどは自らできるようになります。ただし早く遊びたいから指先だけぬらして終わるなど、雑になってしまうことも。なぜ手を洗うのかがわかるように、絵本やお話などでも、清潔にする意味を伝えていきましょう。

　また反対に、手が汚れるのをいやがって十分遊べない子どもがいたら、「汚れたらいやだよね。でも洗えばきれいになるよ」と励ましましょう。

並んで順番を守り
きれいに使うことを教える

　手を洗う習慣が身につき、手順通りに行えるようになります。子どもが手洗いに集中しているときは、列の順番に並ぶことも理解できるように。でも、早く済ませたくて順番を乱すことも。

　みんなが気持ちよく生活するために順番を守ることを伝えましょう。洗い場の周辺をぬらさないようにする、石けんをきちんと元の場所に戻すなどのマナーも確かめましょう。

手にはバイキンがいるんだよ

えーっ

園の実践アイデア

年長児が並ぶ
お手本を見せる

異年齢の混合保育では、年長児が一緒に並んで、順番を守るお手本を見せます。年長児の姿を見ると年下の子どもはあこがれてまねをします。

食事

排せつ

睡眠

着脱

清潔

117

顔・体をふく

〈ふくときは言葉をかけて〉

きれいに
なったね
気持ちいいね

いきなり顔に触れるとびっくりします。「お顔をふこうね」と声をかけられれば理解できます。「気持ちがいい」も言葉と皮膚感覚で覚えられます。

0〜2歳頃

汗や汚れをこまめにふいて皮膚をきれいに保つ

代謝が活発な乳児はよく汗をかきます。また顔や手指もこまめにふいて清潔にする必要があります。

授乳や食事の後は顔と手をふいてきれいにします。乳児の皮膚は弱いので、汗や汚れをそのままにしていると、あせもやただれの原因になります。

汚れたらふくことを言葉で伝えながら

援助するときには、いつも保育者の行動とその意味を言葉で伝えていくことが大原則。「汗をかいたね。気持ち悪いね」「さあ、お顔をふきますよ」「ふいたらさっぱりしたわね」のように話しかけましょう。

保育者のやさしい言葉かけと、皮膚の感覚が結びついて、汚れている感じと清潔にする心地よさがわかるようになります。1歳半を過ぎる頃には自分でもやろうとするようになります。

 家庭との連携

ケアのときの言葉かけの大事さを伝える

清潔にすることは気にかけていてもそのときの言葉がけの大事さを意識していない保護者は多いものです。子どもの顔や体を洗ったりふいたりするときに行う言葉がけ例や、それにより子どもの感覚が育つことを伝えましょう。

〈鏡を見て気づくように〉

3歳頃

「自分で」やらせてみて
仕上げを援助

　3歳前後の頃は、ひと通りできるようになると、雑になってしまうことも。食後はブクブクうがいをしてから、口のまわりの汚れを洗ってふくという一連の流れを、きちんとできるように声かけしていきましょう。

　ふき残しは「鏡を見てごらん」と伝えたり、友だち同士でお互いに見るように促したりして、自分で気づくようにします。鏡で見えないところなど、自分で気づかない汚れは、保育者がさりげなく援助しましょう。

ふき残しは、鏡を見せて汚れを自分で確認してから、洗ってふくようにします。保育者がさっとふくのではなく、「自分で確認して、自分でふく」ということを習慣化しましょう。

子どもが汚れに
気がつくような援助を

　ただ「顔が汚れているからふく」というのではなく、「顔が汚れていたら、気持ちがよくない。きれいにするとさっぱりする」と子ども自身が気づいて、「きれいにしたい」という気持ちをもつような援助を心がけます。

　鏡を見せるのはそのためです。保育者にやってもらうのではなく、自分で気づいて、自分の体は自分できれいにしていく意識をもたせましょう。

 家庭との連携

園での様子を知らせ
家庭でも自分で

　保護者は子どもの顔や体をふいたり洗ったりすることは、大人がやるものと思い込みがちです。園での取り組みや子どもの様子を知らせて、家庭でも顔や体を洗ったり、入浴後に体をふいたりすることを、少しずつ子どもがやるよう声をかけるように伝えます。

4〜5歳頃

洗面所の使い方を知りハンカチを使う

　洗面所を使うときは、最初は保育者が一緒にやったり、そばで見守ったりします。

　ぬれないように袖をまくる、水を出して手や顔を洗う、自分のタオルでふく、洗面所のまわりを水浸しにしない、など一連の動きをていねいに伝えます。

　年長児になったら、園に置いているタオルではなく、ポケットのハンカチで手をふくことも始めましょう。

汗をかいたことを感じて自分でふく

　「顔が汚れたり、ベタついたりしたら、自分でふくときれいになる。きれいになると気持ちいい」とわかってくる年齢です。汗をかいたら、顔は自分でふけるようになります。

　体の汗はまだ自覚しにくいので、言葉で伝えながら一緒にふくようにします。あせもになりやすい首のまわりやひじ関節の内側、ひざ関節の裏側もきれいにふくように伝えます。

〈ポケットの中のハンカチを使う〉

年長児は、就学準備として、家庭と連携して自分のポケットにハンカチとポケットティッシュペーパーを入れておき、手をふいたり、鼻をかんだりすることも始めてみましょう。

〈汗の役割とふき方を説明〉

汗のおかげで、体温はちょうどよい温度に保たれます。ただし汗が残るとあせもができるので、きれいにふきます。汗をかいたら水分補給が必要など、汗についてわかりやすく伝えましょう。

プールの後に体全体を
ふけるように入る前に練習

体をふく練習は、水着に着替えてプールに入る前などの機会に伝えます。タオルを頭にのせて頭をふく、胸とおなか、おへそ、わきの下、足、足の裏、背中、おしり、またの間というふうに順番を決めておくとふき残しがありません。

保育者が見本を見せながら、一緒に楽しくやりましょう。「1・2・3」と号令をかけて体操にしたり、歌を歌うと楽しく覚えられます。

 家庭との連携

毎日の入浴後、
体のふき方を家庭でも

就学するとプールの後は自分で体をふきます。園でもいくらかは練習できますが、家庭の毎日の入浴で練習できれば何よりです。園での体のふき方をおたよりなどで伝えましょう。

洗面所の使い方や使ったタオルの片づけ方なども、子どもたちがどこまでできるかを知らせながら、家庭でも行えるよう伝えていきましょう。

顔・体のふき方で
園でできたことを伝える

- ●顔を洗ってタオルでふく
- ●ふき残しがあった場合は、鏡を見て自分でチェックしている
- ●汗をかいたら、自分で気づいてふく
- ●プールの後は自分で体をふく

うがい

清潔

0〜2歳未満頃

食後に麦茶を飲んで

うがいをするには、息を調節して口やのどの筋肉を使い分ける複雑な運動が必要です。2歳頃までは、食後にコップで麦茶を飲むことが練習になります。離乳食が進むと、こぼさずに飲み込めるようになります。唇をしっかり閉じて飲み込み、少しの間でも口の中に水をためられるようになったら、次の「ペッ」と水を出す練習ができるようになります。

ごちそうさまでゴックンね

2歳頃

口の中の水をペッと出すことからスタート

少しの水を口に含み、うつむいてペッと吐き出すことから始めます。初めは水を飲み込んでしまいますが、友だちや保育者を見て学んでいきます。食後なら、水と一緒に出てきた食べかすを見て、きれいにする意味がよくわかるようになるでしょう。

〈口に含んだ水を吐き出してみる〉

下を向いてペッしてね

洗面台にしっかり体を近づけ、服をぬらしたり、水が飛び散ったりしないように、うつむいて水を吐き出します。

ブクブクうがいを
やってみせ、意義を教える

　意味もわからず、口から水を出したり、うがいの練習をさせたりするのではなく、うがいの意義を教えましょう。「ごはんを食べたら、歯に食べ物がくっつくよね。ほうっておいたら、むし歯になるんだよ。食べ終わったら、ブクブクしようね」と伝えてから、保育者がブクブクうがいをやってみせます。

　「こっちのほっぺと、あっちのほっぺを順番にふくらませるよ」と見本を見せます。子どもはそれを見て、うがいをじょじょに覚えていきます。

〈ブクブクうがいを教える〉

ブクブクー

「ほっぺからぽっぺにお水が動くよ」と日替わりでよいので、ひとりずつに見せます。

     家庭との連携

園での習慣や子どもの上達を
詳しく伝える

　むし歯予防と口内の清潔、感染症予防のためにも、園でうがいの習慣をつけていることを、家庭に詳しく伝えます。

　そのうえで、園でできていることを話しましょう。

むし歯の予防を
意識して

　園では、水を吐き出す練習や、食後のブクブクうがいを練習していることを伝えますが、家庭でもむし歯を予防するための生活について考えられるように話していきましょう。

3〜4歳頃

ほおを使って
ブクブクうがいを練習

　3歳頃になると、口のまわりや顔の筋肉を意識的に使えるようになってきます。水をペッと上手に吐き出せるようになったら、ブクブクうがいを練習します。

　唇をきちんと閉じて、水を口にため、ゆすぐようにしてブクブクと口を動かすことを伝え、まず保育者が実際にやって見せます。服がぬれないよう、ややうつむきで練習しましょう。

ブクブクうがいから
ガラガラうがいへ

　ブクブクうがいが上手にできるようになったら、のどまで水を入れて吐き出すガラガラうがいもできます。水を含まないで、上を向いて口を開け「あー」と大きな声を出します。あごを上げて、思いきり上を向くこともポイントです。この姿勢ではっきり発声できるようになったら、水をほんの少しだけ含んでやってみます。

　慣れないうちは上を向くと水を飲み込んでしまうので、水は少量にします。

園の
実践アイデア

**外遊びの後と、食後は
うがいの習慣づけ**

3歳児以上は散歩や外遊び、食事の後はうがいを習慣化。繰り返すうちに最初はブクブクうがいの子どもも、やがてガラガラうがいに。

ガラガラうがいは
天井に目印をつけて
練習してみる

お役立ち
アドバイス

見てごらん

上を向くとき、目だけ上を向いている子どももいるので、天井に目印をつけましょう。真上よりも斜め上になるようにするのがコツ。

5歳頃

ブクブクとガラガラうがいを両方マスターして使い分ける

　ブクブクうがいとガラガラうがいが両方できるようになったら、使い分け方も伝えましょう。

　歯みがきの後はブクブクで口の中をきれいに、外から帰ったときはガラガラでのどをきれいにすることを話して、健康への意識を高めましょう。

〈ガラガラうがいをマスター〉

上を向いて あーーって 言ってみよう

あー

口にひと口の水を含み、上を向いて「あー」と声を出してうがいをして、水を出します。終わったら口のまわりをタオルでふきましょう。

家庭との連携

家族みんなでうがいの習慣を

　うがいは1年を通して行いたい習慣ですが、特に秋冬はかぜ予防のために保護者の関心が高まるので、呼びかけるチャンスです。

　外から帰宅したときは、手洗いとうがいを家族みんなで行うようにすすめましょう。園でうがいを練習したら、その方法を伝え、入浴時や歯みがきの後などに、家庭で行えるよう、情報提供していきます。

今後もきちんと行えるように

　5～6歳になると、手洗い・うがいといった清潔の習慣に慣れてきて、特に家庭では雑になったり、やらずにすませたりしがちです。

　就学に向けて、自分の健康は自分で守れるよう、清潔の習慣を家庭でも定着させることの大切さを、子どもたちにも保護者にも伝えましょう。

鼻かみ

清潔

0歳 〜 1歳3か月未満頃

鼻を傷つけないよう保育者がふく

鼻水が出ていたら、「お鼻をふこうね」と言葉をかけ、やわらかいティッシュでふき取ります。鼻の内部の鼻水は、片方ずつ小鼻を押さえて出してやさしくふきます。強くこすると、何度も取るうちに皮膚がただれてしまうので気をつけます。

1歳3か月 〜 2歳未満頃

声かけをしながら気持ちよさを伝える

鼻水が出ていたら「お鼻が出ているね」と言葉にして意識を促し「きれいにふこうね」とティッシュでそっとふき取ります。

「きれいになったね」「鼻がすっきりしてよかったね」と、鼻水を取る気持ちよさを言葉で伝えます。

〈綿棒を使うケア〉

ベビーオイルを少量つけた綿棒で鼻の入口をぬぐう

蒸しタオル

取りにくい鼻詰まりは、ベビーオイルを浸した綿棒で鼻の入り口をぬぐうと取りやすくなります。

お役立ちアドバイス

加湿で鼻詰まりを楽にする

ぬらしたタオルをハンガーにかけ加湿

窓もあける

冬には空気の乾燥で鼻が詰まりやすくなります。加湿器を使う、ぬらしたバスタオルを室内に干すなどで、湿度を高くすると鼻がいくらか楽になります。

自分で確認して
鼻をかむ感覚をつかむ

　鼻水が出ていたら「鼻が出ているね。自分でかめるかな？」と声をかけてみましょう。

　そしてティッシュを半分に折って鼻に当て、片方の小鼻を押さえ「フンッてしてね」と片方ずつ鼻をかむ感覚を伝えます。初めに保育者が自分の鼻を押さえて「フン」と息を出す手本を見せておくといいでしょう。鼻水をすすり上げるのを見たら、「フンッて外に出そう」と伝えます。

〈保育者が鼻をかむ方法〉

片方の鼻を押さえるときは「右のお鼻」「今度は左」と、子どもの左右を言葉にして伝えます。安定するように片手で頭を押さえます。

家 庭 と の 連 携

気になる症状があれば
受診をすすめる

　かぜをひいていないのにいつも鼻水が出たり、鼻が詰まったりしている場合は、副鼻腔炎（ふくびくうえん）などの病気が隠れているかもしれません。保護者は、子どもの慢性的な症状に慣れて見過ごしているケースもあるので、耳鼻科の受診をすすめましょう。

病気の可能性もある
気をつけたい症状

□鼻が詰まっていて、よく耳を気にする（中耳炎（ちゅうじえん）などの疑い）

□目やにがよく出ている（鼻涙管閉塞（びるいかんへいそく）などの疑い）

□いつも鼻水が出る、鼻が詰まっている（アレルギー性鼻炎、副鼻腔炎（せいびえん）の疑い）

2〜3歳頃

片方ずつ押さえて
かむ練習をする

　何ごとも自分でやりたい年齢なので、その意欲を大事にしていきましょう。鼻水が出ているのに自分で気がついてふこうとしますが、鼻の下だけになってしまったりも。顔についた鼻水にも注意を向け、「フンと出すとすっきりするよ。一緒にやってみよう」と誘ってみましょう。いやがらなければ、子どもがティッシュを鼻に当て、保育者が片方ずつ鼻に手を添え、鼻をかむ練習をします。

自分でティッシュを取り
鼻をかんで、片づける

　3歳頃になると、「鼻水が出ているよ」と教えると、自分でティッシュペーパーを持ってくる子どももいます。片方の小鼻を押さえて「フン」と出すこともだんだん上手になっていきますが、あまり関心を持たない子どももいます。「手伝おうか？」と聞いてみるなど、個別に合わせて援助します。

　鼻かみの後は、鏡でチェックし、使ったティッシュは、小さくたたんでゴミ箱に入れるところまで見守りましょう。

〈片鼻ずつかめるように〉

子どもがティッシュの上から軽く両手で鼻を押さえます。その後指で順に片方ずつ押さえます。子どもの手に保育者が手を添えてやり方を伝えます。

ティッシュは子どもが取りやすい位置に

お役立ちアドバイス

ティッシュペーパーは、子どもが取りやすい場所に定位置を決めておきます。鼻をかんだら鏡を見て、きれいにふけているかチェック。使用後はきちんとゴミ箱へ。

4 ~ 5歳頃

鼻かみの意味を知らせて清潔の習慣をつける

　鼻水には細菌やウイルスが含まれているので、体の外に出して鼻をかんできれいにするという意味を説明します。

　片方ずつかむことで、鼻水がしっかり出ます。両方の鼻を一緒にかむと、耳や鼻の病気の原因になることも。健康と鼻かみの関係を伝えて清潔の習慣を定着させましょう。

Point

ひとりで鼻をかむ手順

① 取り出したティッシュをたたんで二重にする。

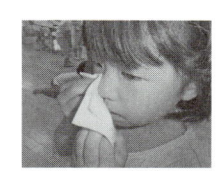

② 片方ずつ小鼻を押さえて、鼻水をフンと出す。

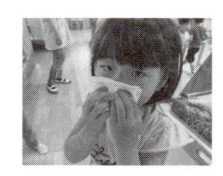

③ 鼻の下などの鼻水をふき取る。鏡できれいにふけたかを確認。

④ ティッシュペーパーの汚れた部分が内側になるように入れ込んでたたむ。

⑤ きちんとゴミ箱に捨てる。鼻水の細菌を知らせて、感染予防のためゴミ箱を決めておく。

歯みがき

6か月〜1歳3か月頃

乳歯が生えてくる頃から慣れるようにする

　乳歯は生後6〜8か月頃から生え始め、1歳頃に上下4本ずつの前歯がそろうのが一般的です。歯が生える前は歯ぐきがムズムズするので、固いものを歯ぐきでかもうとしたり、歯ぐきを触ったりします。この頃からガーゼや、乳児用の歯ブラシで歯や歯ぐきにふれると歯みがきに慣れやすくなります。

園の方針によって歯みがきあるいは白湯

　この頃は、歯みがきに慣れるための準備期間ともいえます。園によって、生えたばかりの歯をガーゼでふく、乳児用歯ブラシでみがく、あるいは食後にお茶や白湯を飲ませるなどさまざまな援助方法があります。

　どのタイミングで、どんな方法で歯のケアを始めるのかは園の方針にしたがって、それぞれ行っていきます。

Point

乳児の歯の生え方（※個人差があります）

① **6〜9か月頃**
下の前歯が2本生えてくる。

② **9〜10か月頃**
前歯が上下2本ずつ生えそろう。

③ **11か月〜1歳頃**
上下4本ずつの前歯が生えそろう。

④ **1歳2か月〜1歳6か月**
上下の奥歯（第1乳臼歯）が4本生えて12本になる。

食後は口をきれいにする感覚を育てる

口をさっぱりさせる感覚は、歯みがきにつながる大事な一歩です。食後は「ごちそうさまね」「お口をきれいにしよう」と言葉を添えて白湯をひと口飲ませます。「お口がさっぱりして、気持ちがいいね」と話しかけましょう。

「ごちそうさま」の合図で食事が終了し、白湯かお茶で口の中をきれいにすることをセットで覚えるようにします。歯の生え方も定期的に観察しましょう。

さっぱりしようね

家庭との連携

家庭の生活習慣を見直してもらえるように

歯が生え始めの頃なので、特に家庭での生活習慣を見直してもらえるよう、園での様子とともに、情報を提供します。

食後、歯の仕上げみがきをし始めた家庭は多いでしょうが、忘れがちなのが、甘い飲み物をとった後。乳酸菌入りや果汁のドリンクにも、糖分はたくさん含まれており、むし歯の原因になるということを、保護者に伝えましょう。

歯みがきに関して保護者から聞きたいこと

☐子どもが歯ぐきをよく触っているか、よだれは多いか
☐歯ぐきで固いものをかもうとするか
☐歯が生えてきているか
☐食後に白湯やお茶を飲ませているか
☐歯みがきの準備をしているか

1歳3か月〜2歳未満頃

むし歯ができることも
あるので注意を喚起

　1歳半健診でむし歯が見つかる子どももいます。食べられる物が増えるという事情もありますが、原因の多くは飲み物です。果汁や乳酸飲料、イオン飲料のように糖分を含む酸性の飲み物を、ほ乳瓶やストローで少しずつ飲ませていると、むし歯につながることもあります。歯みがき以外にも食生活全般について、保護者との連絡を密にして注意を促しましょう。

食後のお茶や
うがいで口をきれいに

　園では食事やおやつのあと、「ごちそうさま」をして、水やお茶を飲んで口をさっぱりさせる習慣を進めていきます。食後に手洗い場に行って、ブクブクうがいの練習をするというパターンをつくると、さらに効果的です。2歳頃は乳歯が生えそろう時期なので、保護者には歯みがきの励行と、食生活の中でも、特に甘い飲み物の与え方に注意するように伝えましょう。

Point

乳児の歯の生え方

1歳半〜2歳前後

奥歯と前歯の間のすき間に乳犬歯（にゅうけんし）が生えて、合計16本になる。

2〜3歳頃

一番奥の奥歯（第2乳臼歯（にゅうきゅうし））が生えて、乳歯20本が全部そろう。

家庭で「自分で歯みがき」をスタートしてもらう

　周囲の人をよく見て、まねをしようとする頃です。家庭では子どもがまねしたくなるように、保護者に歯みがきを見せるように伝えましょう。子どもが歯みがきに興味を示したら年齢に合った歯ブラシを持たせますが、まだ歯みがき剤は不要です。

　歯ブラシをかんだりしゃぶったりすることはよくないと伝え、歯ブラシを口に入れて立ち歩くのは危険なので家庭でも必ず座ってみがくように注意喚起を。

ママがみがくから見ててね

家庭との連携

家庭ではスキンシップしながら仕上げみがきの習慣を

　子ども自身はまだ歯ブラシを使いこなすことが難しいので、保護者の仕上げみがきが大切です。

　子どもをあお向けに寝かせて上から見ますが、やりやすい体勢でOKです。スキンシップのつもりで子どもの顔や口のまわりを触る遊びから始めると無理がありません。むし歯がないか観察してもらうなど、歯に関心を持てるように保護者に働きかけましょう。

仕上げみがきを家庭で毎日の習慣として行えるよう、保護者に話をしていきます。

2～3歳頃

ブクブクうがいができたら そろそろ歯ブラシを持つ

　ブクブクうがいができるようになったら、子ども用の歯ブラシとコップを家庭から持参してもらい、園で歯ブラシを使う練習を始めてもいいでしょう。

　子どもひとりひとりのみがき方を、ていねいに見て正しいみがき方に導きます。

〈歯みがきを教えよう〉

ふだん家庭で保護者のみがき方を見ている子どもも、歯の模型には興味しんしん。模型を使うとみがき残しやすい場所がよくわかります。

園の 実践アイデア

歯をみがく習慣をつける

歯を7か所に分けて、それぞれ10回ずつみがきます。

① 上下の歯を合わせた状態で、①左側の歯、②右側の歯を10回ずつみがく。

② 歯を合わせたまま、続いて③前歯を10回みがく。

③ 口を開けて、④上の左奥歯、⑤下の左奥歯をそれぞれ10回みがく。

④ 口を開けたまま、続いて⑥上の右奥歯、⑦下の右奥歯を10回ずつみがく。

園の実践アイデア 歯ブラシの使い方のNGを伝える

歯ブラシでのどを突く事故は、あってはならないことです。事故防止のために、「歯ブラシを使うときは必ず手を添え、口に入れたまま手を離さない」「歯ブラシを手に持ったまま移動しない」ように声をかけていきます。衛生面から、歯ブラシをコップに入れないように注意します。

家庭との連携

生活習慣にけじめをつけるよう伝える

この時期の子どもは、大人の食べているものを「自分も」と食べたがります。家族が、食事以外にお菓子やドリンク類をとっていたら、ついつい子どもも食べてしまうことになります。

おやつの時間をもうけて、それ以外は保護者もお菓子などを食べず、食習慣のけじめをきちんとつけることが、健康とむし歯予防につながることを伝えます。

歯科検診に関心をもってもらう

歯科検診は、園で行う場合や自治体の保健所などで行う場合、個人で歯科医に行く場合などさまざまです。まずは、保護者に歯科検診をおたよりなどで周知させ、関心をもってもらいましょう。

園で行う場合は、その様子や結果も知らせ、個人で行った場合は結果を聞いておきます。

食事

排せつ

睡眠

着脱

清潔

4〜5歳頃

むし歯の説明をして
歯みがきの意味を伝える

　乳歯にむし歯ができると痛みで食べにくいだけではなく、永久歯の生え方に影響することもあります。口の中にむし歯菌が多いと、6歳頃生える最初の永久歯（6歳臼歯）もすぐにむし歯になります。

　むし歯菌に負けないように、歯みがきで口の中をきれいにすることが大切なことを伝えましょう。

ていねいな歯みがきの習慣が
つくように関わる

　4歳頃には歯みがきの手順をひと通り覚えて、自分でできるようになります。雑になったりすることもあるので、そばで見守って声をかけたり、手を添えたりしてみがき方をていねいに伝えていきます。

　雑になるようなら、歯みがきすることの意義と大切さを、子どもにいつでも伝えます。

園の実践アイデア

歯みがき前後の一連の行動を
絵で見せる

　自分の袋から歯ブラシとコップを出し、水道の水を1杯くんだら、水道栓をしめます。

　歯のみがき方の順序と回数、最後に口をすすぐことまで絵や写真にして見せます。毎日目にして確認することで順序がわかるようになります。保育者もそばで見守りましょう。

楽しい歯みがきで習慣を定着させる

　楽しい雰囲気があれば、歯みがきもより積極的に行えます。

　歯みがきすると指でこすったときにキュッと音がするのを確かめる、歯みがきの歌を決めるなどで工夫しながら、「歯がきれいになると気持ちがいい」という感覚が就学までに育つよう援助して、習慣を定着させましょう。

〈歯みがき習慣のつけ方〉

園でも家庭でも「食後は歯みがき」という行動を習慣にしましょう。昼食→片づける→歯みがきという動線をつくっておきます。

家庭との連携

むし歯予防の徹底を伝える

　5歳頃になると歯みがきが上手になったように見えますが、むし歯になりやすい奥歯や歯と歯の間、歯ぐきとの境目はみがけていません。家庭の仕上げみがきでもそこを意識するように伝えます。

　睡眠中は口をきれいにする唾液が減るので、むし歯になりやすい時間帯です。むし歯予防には、寝る前の歯みがきが効果的なことを伝えましょう。

就学前に生活習慣全般の定着をすすめる

　園や家庭で、歯みがきの行動だけを無理にさせても、子ども自身が「なぜ大切か」をわかっていないと、就学後も定着しません。むし歯予防だけでなく、自分の健康を守れるよう、家庭で子どもと話し合うようすすめましょう。

　歯みがきだけでなく、健康や生活習慣全般について保護者に情報を提供し、家庭でも生活の見直しができるよう伝えていきましょう。

片づけ

保育者の姿と環境を見て覚えることから

　物がきれいにおさめられている状態が気持ちいい、乱雑に散らかった状態は気持ちよくないという秩序の感覚は、乳児の頃からはぐくまれます。

　身の回りの物は置き場所が決まっていること、使ったら元に戻すことを保育者は日常の生活の中で、言葉にしながら見せていきます。

習慣づくりは発達に合わせた片づけ方で

　片づけ方は複雑にせず、子どもにわかりやすい配置で、出し入れがしやすいように工夫します。同じ物は箱に集めて入れ、見えるようにする、片づけ方の写真シールを貼るなどしてみましょう。絵本は表紙を見せるように並べると、元の場所がわかりやすくなります。おもちゃはたくさんあると片づけにくいので、少なめにしますが、トラブルが起きるようなときは調整を。

園の
実践アイデア

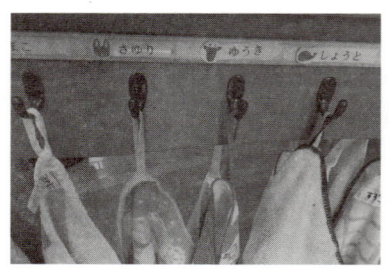

持ち物がわかるようにマークを決める

1歳から自分のマークを決め、その後も変えません。マークを目印にすると自分のタオルや靴の置き場がわかりやすくなります。

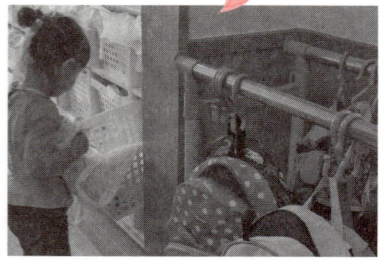

自分のマークの場所に片づける

マークで自分の場所を覚えたら、自分のものを決まった場所にしまう習慣が無理なく身についていきます。

声かけしながら「自分で片づけ」へ導く

２歳頃になると、保育者が片づけるのを見て自分もやってみようとしますが、遊びの延長です。保育者は「片づけ」を遊びの中に上手に組み込むとよいでしょう。

遊びの最後に「車はどのおうちに帰るの？」のように声をかけたりして、一緒に片づけます。「きれいに片づいたね」とほめ、片づけると楽しい、気持ちよいという感覚を育てましょう。

これはどこかな？

園の実践アイデア

おもちゃをしまう場所は変更しない

棚は子どもの体格に合わせ、見やすく出しやすく、しまいやすいのが大原則。物それぞれの定位置を決めておくと覚えやすいでしょう。

家庭との連携

園の片づけ方を紹介して家庭でも取り組みやすく

子どもの発達を考慮した園の片づけ方は、家庭でも参考になるはず。片づけのヒントを伝えてみます。

家庭でも片づけを経験できるように、出すおもちゃは少なめにする、片づけ方はシンプルに、まず一緒にやるという基本も伝えていきましょう。

友だちと協力して
片づけることを覚える

　2歳頃までは自分が中心ですが、3歳頃になると、友だちへの意識がより強くなります。片づけでも、みんなで一緒にやるおもしろさを感じるように、声をかけていきましょう。

　「みんなでこの箱に入れよう」と誘えば、遊び感覚で楽しく片づけられます。終わったら「みんなでやると早いわね」「きれいに片づいたわね」と全員を認めてほめましょう。

片づけてから
次の行動に移る

　園庭で自由に遊んでいるとき、例えば砂場にスコップを置いたまま、友だちのいる滑り台に行くこともあります。出したものはしまってから、別の遊びをするように、そのつど声をかけましょう。

　絵や工作など製作物の場合は、途中の作品の置き場所を確保しておくことも大切です。作品は置き場所、道具は道具置き場という定位置を決め、さまざまな片づけ方を伝えます。

食事の後片づけも
習慣化する

お役立ちアドバイス

自分で食器を片づけてから歯みがきへ、と片づけも生活習慣の一部にします。食器の運び方、残った食材の処理もていねいに伝えていきます。

色でも分類して
片づけの見本写真を貼っておく

色々な色彩が一緒に入っているよりも、色分けしたほうが片づけやすいものです。進級したばかりの春はそれぞれの場所に入れるものの写真を貼り、定位置を覚えます。秋頃には写真をはずしても片づけできるように。

片づけやすい
入れ物を工夫する

形が定まらないものはひとつずつ区切った置き場を作り、取り出しやすく。からまりやすい毛糸は、牛乳パックを再利用した容器に入れています。

大きさの違う物を
片づける

大きなトレイと小さなトレイを重ねて片づけ。同じ用途の物は一緒にしておくとわかりやすく、取り出しやすいので、子どもたちも自分で考えるようになります。

5歳頃

重ねたり、並べたりと工夫してきれいに片づける

　使った道具やおもちゃのほとんどを子どもだけでも片づけられるようになります。積み木やブロックなどでの構成も楽しめるようになるので、子どもたちの発想を生かした片づけ方も生まれます。

　「このブロックを形で分けて片づけよう」「ビーズを大きい順に並べてみよう」など遊びながら、物の秩序や構成を学ぶこともできます。

達成感を感じさせながら片づけの範囲を広げる

　「部屋がきれいになる」「どこに何があるかわかる」「次に使いやすい」など、片づけの意味が理解できるようになります。

　「この図鑑はどの本の隣だったかしら？」など、よりていねいな片づけができるように言葉をかけましょう。園庭の三輪車の置き方を整えるなど片づける範囲を広げて、人の役に立つ達成感や自信を味わうこともできます。

全部ひとりで片づけた！

すごくきれいにできたね！

お役立ちアドバイス

年長になったら重いものもみんなで片づけ

年長児になると、イスなどの重い物も、みんなで協力して片づけられるようになります。、床にカラーテープを貼っておくと、目印になります。

ぴったりサイズのケースや箱で
きれいにおさめる工夫を

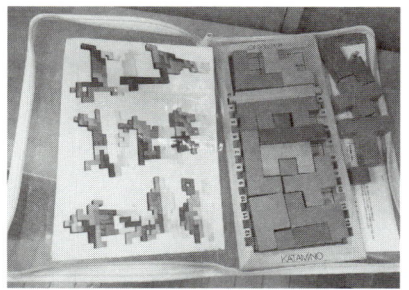

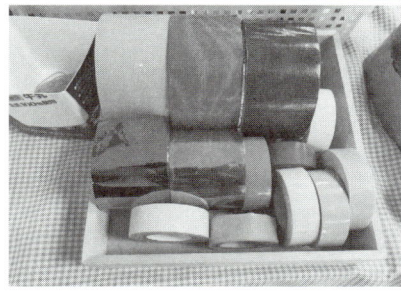

パズルのように組み合わせを楽しむブロックは、ひと回り大きな透明ケースにしまい、ケースに遊び方の見本も貼ります。カラーテープも、大中小のぴったりとおさまるくらいの箱を用意しおさめます。

よく使う筆記具は
色ごとに立てて

みんなで使う文房具は種類ごとに専用の容器に収納します。筆記具は色ごとに分けて取り出しやすいように立てておきます。

バラバラになりそうなものは
大きさをそろえたファイルケースに

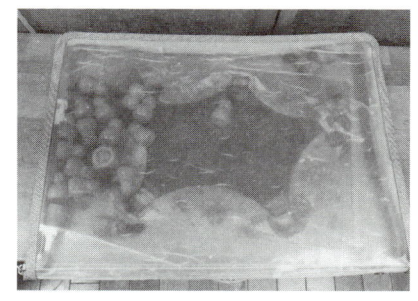

すごろくのようなゲーム盤と部品があるものは、透明なファイルケースに。バラバラにならず、片づけを通して子どもたちがファスナーの使い方も覚えます。

●監修
塩谷 香 （しおや・かおり）

國學院大學 教育開発推進機構（特別専任）
人間開発学部 教育実践総合センター教授、
NPO法人「ピアわらべ」理事。
都内公立保育園園長、幼保一体化施設保育
長、和泉短期大学児童福祉学科講師、東京
成徳大学子ども学部子ども学科教授を経て、
2016年より現職。長きにわたり保育者養
成に携わる。著書に『生活習慣が身につく
子どもと保護者へのことばがけ』（ひかりの
くに）、『保育者のコミュニケーションスキ
ル』（少年写真新聞社）など多数。

●取材協力
鈴木八朗 （すずき・はちろう）

久良岐母子福祉会 くらき永田保育園園長。社会
福祉士。（福）久良岐母子福祉会常務理事。東洋
大学社会福祉学科卒業後、日本社会事業大学研
究科を経て、母子生活支援施設の指導員となる。
同施設の施設長在任時に、くらき永田保育園の
新設にかかわり現在に至る。

●撮影・写真協力
久良岐母子福祉会　くらき永田保育園
●医療監修（P.28～29）
渋谷紀子
（総合母子保健センター　愛育クリニック
　小児科部長）

STAFF
●本文イラスト
Chao、TICTOC
●執筆協力
樋川淳代、高橋裕子
●校正
みね工房
●本文デザイン・DTP
行木志満
●編集・制作
株式会社童夢

参考図書・webサイト
『生活習慣が身につく子どもと保護者へのことばがけ』（ひかりのくに）
『生活の自立 Hand Book』（学研マーケティング）
消費者庁　アレルギー表示 http://www.caa.go.jp/foods/index8.html
他